VERBORGENE WELTEN

Bildnachweis
Shutterstock: S. 12 u. Andrea Izzotti; S. 13 m. l. SaltedLife; S. 18 m. l. Lefteris Papaulakis; S.21 o. r. N. Steele; S. 24 o. r. Wirestock Creators; S. 24 u. l. insima; S. 37 u. r. Alexxx Shmel; S. 42 m. r. chrisdorney; S. 42 u. Dotted Yeti; S. 44 o. m. Curioso.Photography; S. 44 m. l. zabanski; S. 44 u. r. crystal51; S. 45 o. r. TreesTons; S. 46 m. r. Pchelintseva Natalya; S. 46 u. l. BlueLotusArt; S. 47 Zettel l. FloridaStock; S. 47 Zettel r. olgaru79; S. 47 Zettel u. l. pfluegler-photo; S. 47 Zettel u. r. Gallinago_media; S. 50 u. l. Morphart Creation; S. 50 u. r. JY FotoStock; S. 51 u. l. Alexey Pushkin; S. 51 u. l. m. Starostov; S. 51 u. r. m. Arcady; S. 52 m. (gold) AVprophoto; S. 52 m. (silber) PhotoVrStudio; S. 53 o. l. Hermanto Ongko; S. 54 u. l. Giedriius; S. 55 u. l. Viacheslav Lopatin; S. 57 u. l. Mr Privacy; S. 57 u. r. arogant; S. 58 u. l. nadtytok; S. 58 m. r. Susanitah; S. 59 o. r. Russ Heinl; S. 63 o. l. (Ornament) Hoika Mikhail; S. 63 o. l. (Vogel) NotionPic; S. 63. u. thailand_becausewecan; S. 64 u. Mikhail Bakunovich; S. 65 u. r. LnP images; S. 69 m. r. Melkor3D; S. 69 u. l. Triff; S. 70 m. r. Pavel Russe; S. 71 m. r. Ishor gurung; S. 71 u. l. Arthur Balitskii; S. 72 u. l. canghai76; S. 73 o. r. kale kkm; S. 73 m. Pasuwan; S. 73 u. r. Yukari Mishima; S. 77 r. (Pergament) RoseStudio; S. 78 u. l. tristan tan; S. 83 m. r. muratart; S. 84 o. r. PetlinDmitry; S. 84 m. r. photossee; S. 84 m. l. Vladfotograf; S. 84 m. u. Happy monkey; S. 86 m. l. (Hintergrund) nnopanon; S. 86 m. l. (Fabelwesen) Amanda Szegedi; S. 86 m. u. (Hintergrund) suriya yapin; S. 86 m. u. (Fabelwesen) Amanda Szegedi; S. 86 u. r. EsfilPla; S. 86, S. 87, S. 89 (Aquarellhintergrund) KanokpolTokumhnerd; S. 87 (v. o. n. u.) 1. Kreis Teo Tarras, 2. Kreis Romolo Tavani, 3. Kreis Zakharchuk; S. 87 u. r., S. 89 u. l. KucherAV; S. 88 u. l. Melica;

Wikipedia: S. 8 u. l. Ylem (gemeinfrei); S. 9 o. l. (gemeinfrei); S. 12 m. l. (gemeinfrei); S.13 m. r. Avda (CC BY-SA 3.0); S. 14 o. r. Internet Archive Book Images (gemeinfrei); S. 15 o. Iwan Jakowlewitsch Bilibin (gemeinfrei); S. 15 u. Charles-Amable Lenoir (gemeinfrei); S. 19 u.; S. 22 u. l. Infrogmation (gemeinfrei); S. 24 u. r. Metropolitan Museum of Art (gemeinfrei); S. 25 u. l. Katsushika Hokusai (gemeinfrei); S. 29 o. r. (gemeinfrei); S. 29 u. l. (gemeinfrei); S. 36 u. l. (gemeinfrei); S. 40 m. ArchaiOptix (CC BY-SA 4.0); S. 41 u. r. Utagawa Kuniyoshi (gemeinfrei); S. 50 o. r. Monnier (gemeinfrei); S. 55 o. r. (gemeinfrei); S. 69 o. r. (gemeinfrei); S. 77 m. r. (gemeinfrei); S. 78 m. r. (gemeinfrei);

„Für MM, meine Helens und kindlichen Kaiserinnen –
ihr bringt Magie in meine Welt."

Isa Mondrey

Konzept und Text: Isa Mondrey, Au in der Hallertau
Illustrationen: Elisa Ancori, Barcelona
Scribble: Nina Hultsch, München
Layout: Daniela Szegedi, München
Lektorat: Malisa Mahler, Hannover
Layout-Konzeption und Typographie: Raffaele Anello, Berlin
Projektkoordination und -abwicklung: Karen Moser, Au in der Hallertau
Druckvorstufe: Editors Genie | Udo Rehmann, Feldafing
Druck und Bindung: NEOGRAFIA, a.s., Martin-Priekopa
Printed in: Slovakia

MIX
Papier | Fördert gute Waldnutzung
FSC www.fsc.org
FSC® C020353

ISBN: 978-3-96808-029-1

Nachdruck	Druckjahr
5 4 3 2 1	2027 2026 2025 2024 2023

ISA MONDREY

Verborgene Welt der Fabelwesen

Illustrationen
Elisa Ancori

Sophie Verlag

INHALT

Ein Flackern im Moor 7

Hinab in die magische Welt 8

In den Tiefen des Ozeans 10

Geheimnisvolle Wasserwesen 12

Verwechslungsgefahr 14

Klänge süß wie Honig 17

Von alten Sagen 18

Schrecken aus der Tiefe 20

Drohende Gefahr 22

Die Frau im Robbenpelz 24

Im Herz des magischen Waldes 26

Angriff der Zentauren 28

Schwirrende Hilfe naht 30

Unter der Erde zu Hause 33

Im Heim der Erdgeister 34

Die Stimme des Waldes 36

Giganten aus aller Welt 38

Der Klang der Panflöte 40

Eine magische Begegnung 42

Verwandte des Einhorns 45

Ab in die Luft 46

Ritt durch die hohen Lüfte ... 49

Ein Schatten verdunkelt die Sonne ... 50

Ein Vogel wie aus Gold ... 52

Heilsame Schwingen ... 54

Im Reich von Blitz und Donner ... 56

Schillerndes Federkleid ... 58

Im Tal der Flammen ... 61

Flammendes Gefieder ... 62

Schabernack und Schlaf ... 64

Unter Drachen ... 67

Drachengold ... 68

Nicht alle Drachen haben Schuppen ... 70

Glücksdrachen ... 72

Zaubertrank der Heimkehr ... 74

Ein zauberhafter Abschied ... 76

Süße Träume ... 78

Fantasie-Schmiede ... 80

Die Faszination für Fabelwesen ... 82

Jetzt bist du dran! ... 84

Magie aus aller Welt ... 91

Lexikon der Fabelwesen ... 92

EIN FLACKERN IM MOOR

Dieses Jahr verbrachten die Geschwister Helen und Max die Ferien mit ihren Eltern in Schottland. Ihr Ferienhaus lag direkt an einem Moor. Eines Abends drang ein gespenstisches Leuchten durch den Spalt im Vorhang des Kinderzimmers. Erschrocken legte Helen ihr Märchenbuch beiseite und schaute hinaus. Blaue Lichter tanzten auf dem Moor. Helen rüttelte ihren Bruder, der tief und fest schlief. „Schau mal!“, sagte sie. Max rieb sich die Augen.

Beim Anblick der Lichter war er augenblicklich hellwach. „Was ist denn da los? Das müssen wir uns genauer ansehen!“ Sie zogen sich rasch an, schlichen aus dem Haus und folgten den Lichtern immer tiefer ins Moor. „Sollen wir nicht lieber umkehren? Irrlichtern zu folgen, bringt angeblich Unglück“, flüsterte Helen. „Meinst du wirklich, das sind Irrlichter?“, fragte Max und Helen nickte. „Man nennt sie schließlich nicht umsonst auch Sumpflichter.“

HINAB IN DIE MAGISCHE WELT

Manchmal verschwand das Flackern kurz und leuchtete dann an anderer Stelle wieder auf. Plötzlich hörten die Kinder ein seltsames Flüstern: „Danke, dass ihr uns gefolgt seid. Ja, wir sind Irrlichter – und haben eine besondere Bitte an euch."
Helen wollte ihren Bruder am Ärmel zurückziehen, aber Max sagte mutig: „Wie können wir euch helfen?"
„Nun, alle hundert Jahre rufen wir Kinder zu uns, um sie in eine magische Welt zu führen. Ohne euch erinnern sich die Menschen irgendwann nicht mehr an uns und die anderen Fabelwesen. Ihr aber tragt die nötige Fantasie in Herz und Kopf. Das hier braucht ihr, um das Abenteuer anzutreten."
Mit einem Plopp tauchte ein kleines Stück Pergament in Helens Hand auf. Verwirrt las sie die Notizen, die wie magische Zutaten für ein seltsames Rezept klangen. Max schaute ihr über die Schulter und runzelte die Stirn.
„Entscheidet euch schnell, die gefährliche Hydra lauert in den Schatten. Hier entlang!", flehten die Irrlichter.
Helen erschrak. Hydra – war das nicht dieses Ungeheuer mit neun Köpfen? „Dann nichts wie los", murmelte sie. „Bereit?" Helen streckte Max die Hand hin. Sie nahmen all ihren Mut zusammen und wateten gemeinsam ins Moor, wo sie nur Augenblicke später versanken. Das Letzte, was sie hörten, war ein lautes Zischen und aus dem Augenwinkel sah Helen einen Haufen funkelnder Augen in der Dunkelheit.

MEERESLEUCHTEN

GEISTERPILZ

Alles Aberglaube?

Früher dachte man, dass Irrlichter von übernatürlichen Wesen abstammen oder die Seelen unglücklich Verstorbener sind. Heute gehen Wissenschaftler davon aus, dass die Irrlicht-Sagen von optischen Täuschungen oder Verwechslungen herrühren. In der Natur gibt es Lebewesen und Gase, die Licht erzeugen können. Dieses Phänomen nennt man Biolumineszenz.

Der Held Herakles tötete die Hydra, indem er ihr den unsterblichen Kopf abschlug. Trennt man der Hydra einen Kopf ab, wachsen an dieser Stelle sonst zwei neue nach.

ZAUBERTRANK DER HEIMKEHR

Schuppe einer Meerjungfrau
Münze eines Leprechauns
Silberhaar eines Einhorns
Feder einer Regenbogenkrähe
Eine Prise Phönix-Asche
Ein Klumpen Drachengold
Drachenkralle

Alles gut vermengen und unter Drachenfeuer köcheln lassen.

IN DEN TIEFEN DES OZEANS

Schon bald fanden sich Helen und Max in Luftblasen eingeschlossen wieder. Von innen hatten sie klare Sicht auf eine faszinierende Unterwasserwelt. Glänzende Fische schwammen direkt an ihnen vorbei. „Das sieht aus wie im Meer!“, rief Max begeistert. „Aber hast du dieses Zischen gehört?“, fragte Helen. Ihr standen immer noch die Haare zu Berge.

„Das, meine Lieben, war eine mürrische Hydra“, erklang eine liebliche Stimme.

Max und Helen starrten erstaunt auf das Wasserwesen, das zwischen den Korallen auftauchte. „Eine Meerjungfrau!“, rief Helen und strahlte über das ganze Gesicht. Die Meerjunfrau erwiderte ihr Lächeln. „Ihr seid hier, um uns kennenzulernen, dafür danken wir euch. Aber die frechen Irrlichter haben euch sicher nicht erzählt, wofür ihr die Zutaten genau braucht.“ Die Kinder schüttelten den Kopf und die Meerjungfrau fuhr fort: „Ihr müsst die Zutaten sammeln, um wieder nach Hause zu gelangen. Dafür braucht ihr den Zaubertrank der Heimkehr. Hier, die erste Zutat: eine meiner Schuppen.“

GEHEIMNISVOLLE WASSERWESEN

Max und Helen folgten der Meerjungfrau in ihren Luftblasen und kamen nicht aus dem Staunen heraus. „Sind alle Wasserwesen so hilfsbereit wie du?“, fragte Max schüchtern. Die Meerjungfrau schüttelte den Kopf. „Bei Weitem nicht. Meine chinesischen Schwestern, die Jiaoren, schon, aber vor den männlichen Merrows oder dem Wassermann solltet ihr euch in Acht nehmen.“

„Aber warum sind Wassermänner so gefährlich?“, fragte Helen.
„Der Wassermann Wodjanoi zieht Kinder ins Wasser, die sich zu nah an sein Ufer wagen. Aber es gibt noch weitaus schlimmere Kreaturen in den Tiefen der Meere. Hoffentlich begegnen wir ihnen nicht.“ Helen lief ein Schauer über den Rücken, die Hydra hatte ihr schon gereicht.

Meerjungfrauen werden oft mit Spiegel oder Kamm dargestellt.

Zum Verwechseln ähnlich? Der bekannte Seefahrer Christoph Kolumbus glaubte, auf seinen Seereisen eine Meerjungfrau gesehen zu haben. Vielleicht war es bloß eine Seekuh?

Tragische Sehnsucht

Um Meerjungfrauen ranken sich zahlreiche Mythen und Legenden. Oftmals geht es darin um ihre Schönheit und ihre Sehnsucht nach dem Land. Verlassen sie die See und verlieben sich in einen Menschen, zahlen sie dafür meist einen hohen Preis: So bleibt ihnen etwa die Rückkehr ins Meer für immer verwehrt.

„Mermaiding" ist ein Schwimmsport, bei dem man wie eine Meerjungfrau mit einer Flosse taucht.

Die berühmte Statue aus Kopenhagen basiert auf dem gleichnamigen Märchen „Die kleine Meerjungfrau" von Hans Christian Andersen, das als Vorbild für Walt Disneys „Arielle, die Meerjungfrau" diente.

VERWECHSLUNGSGEFAHR

Es gibt unzählige Wasserwesen und sie sind so unterschiedlich wie das Wasser selbst", erklärte die Meerjungfrau. „Mal sind sie sanft wie ein ruhiger See, mal aufbrausend und zerstörerisch wie eine große Flutwelle. Manche können mit ihren magischen Kräften Stürme entfesseln, andere retten Menschen vor dem Ertrinken."

„Gibt es euch nur im Meer?", fragte Max, an dem gerade ein Rochen vorbeiglitt. Die Meerjungfrau schüttelte den Kopf. „Wir leben in den unterschiedlichsten Gewässern: vom kleinsten Teich bis zum größten Ozean, vom plätschernden Bächlein bis zum reißenden Fluss. Auf unserer Reise werdet ihr sicher noch andere Wasserwesen kennenlernen. Aber wir brauchen eins, das euch ins Herz des magischen Waldes führen kann. Ich habe da schon eine Idee."

DSCHULNARS SOHN

Aus Tausendundeine Nacht stammt die Geschichte der geheimnisvollen Dschulnar. Der persische König Schahriman verliebte sich in sie und die beiden heirateten. Später kam heraus, dass Dschulnar dem Ozean entstiegen war und ihr gemeinsamer Sohn konnte sowohl an Land als auch im Meer leben.

MERROW

Im Gegensatz zu den weiblichen Merrows der irischen Sagen sind die männlichen Merrows abscheuliche Kreaturen. Wenn man ihnen die Federhaube stiehlt, können sie nicht mehr in ihr wässriges Heim zurückkehren.

WASSERMANN

Wassermänner werden oft als bedrohlich dargestellt, weil sie Menschen in ihr Unterwasserreich entführen. Solche Gruselgeschichten sollten Kinder von gefährlichen Gewässern fernhalten.

Die chinesischen Jiaoren sind sowohl im Süß- als auch im Salzwasser beheimatet. Aus ihren Tränen werden Perlen, die sie zu Schmuck verarbeiten.

JIAORE

NAJADE

Najaden und Nereiden stammen aus der griechischen Mythologie. Während Najaden Quellen und Brunnen bewohnen, leben Nereiden im Meer. Sie symbolisieren die lebensspendende Kraft des Wassers. Versiegen ihre Gewässer, sterben sie.

KLÄNGE SÜSS WIE HONIG

Wie aus der Ferne drangen wunderbare Klänge an die Ohren der Kinder, die ihnen ein Lächeln aufs Gesicht zauberten. Ins Rauschen der Wellen webte sich ein lieblicher Gesang aus verschiedenen Frauenstimmen. „Das klingt wunderschön, fast so süß wie Honig!“, rief Helen.

„Das sind Sirenen“, sagte die Meerjungfrau. „Ihr könnt euch glücklich schätzen, dass ihr den betörenden Gesang durch das Wasser nur stark gedämpft hört.“

„Wieso können wir nicht eine Pause bei ihnen machen?“, fragte Max mit leuchtenden Augen.

„Weil die Sirenen gefährlich sind. Mit ihrem Gesang locken die Sirenen Seefahrer an die Felsen“, erklärte die Meerjungfrau. „So zerschellen die Schiffe und die Mannschaft ertrinkt.“

VON ALTEN SAGEN

Das heißt, niemand, der den Gesang je gehört hat, hat überlebt?“, fragte Max erschrocken und schwamm näher zur Meerjungfrau.
„Doch“, antwortete sie und nickte. „Der antike Held Odysseus. Er kannte die Gefahr, die von den Sirenen ausging. Seine Mannschaft verschloss sich die Ohren mit geschmolzenem Wachs und Odysseus selbst ließ sich an den Mast des Schiffes binden.“

„So konnte er dem Gesang lauschen, aber gleichzeitig hat er ihm widerstanden – genial!“, rief Helen.
Die Meerjungfrau flüsterte: „Genau. Aber wer weiß, was mit ihm geschehen wäre, wenn sich die Fesseln gelockert hätten?“

Noch heute findet sich der beliebte Mythos um Odysseus auf griechischen Briefmarken.

Sirene oder Meerjungfrau?

Im antiken Griechenland glaubte man, Sirenen hätten den Kopf einer schönen Frau auf dem Körper eines Adlers.
Da Sirenen im Mittelalter oft mit Fischschwanz dargestellt wurden, kam es zu einer Vermischung von Meerjungfrau und Sirene, sodass den Meerjungfrauen oft auch der tödliche Gesang zugeschrieben wird.

Helen murmelte: „Zum Glück sind wir unter Wasser."
Die Meerjungfrau drehte sich zu ihnen um. „Nun ja, in der Tiefe lauern oft noch größere Schrecken, also haltet euch dicht bei mir."
Max zuckte mit den Schultern. „Aber aufregend wäre es schon."
Sie folgten der Meerjungfrau, aber sie schwamm so eilig durch das Wasser, dass die Kinder Mühe hatten, ihr zu folgen. Mit ihrem schnellen Flossenschlag machte sie jedem Delfin Konkurrenz.

ABAIA

Der Monsteraal Abaia entspringt der Mythologie Melanesiens, einer Inselgruppe im südwestlichen Pazifik. Als Hüter am Grund von Seen beschützt er die Fische wie seine Kinder. Mit seinem Schwanzschlag erzeugt er Flutwellen, die Fischerboote zum Kentern bringen.

QUALUPALIK

Kinderschreck

Das Seeungeheuer lauert an den arktischen Küsten und raubt Kinder, die sich zu nah ans Wasser wagen. Der Mythos vom Qualupalik dient dazu, Kinder vom Betreten des gefährlichen Eises abzuschrecken.

Der Qualupalik ist in ein Amauti gekleidet, eine traditionelle Jacke, in der Inuit-Mütter ihre Kinder tragen.

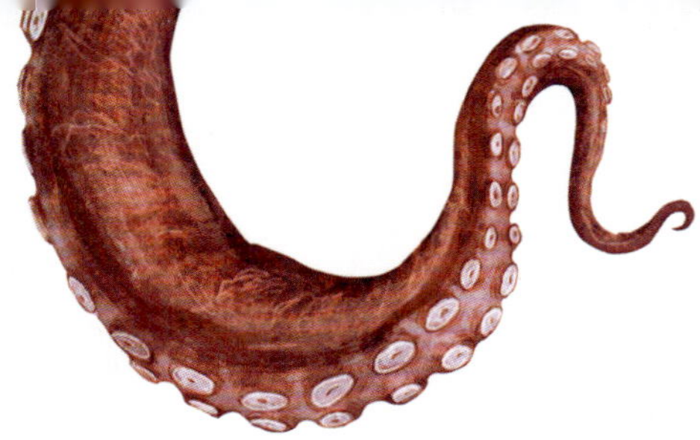

SCHRECKEN AUS DER TIEFE

Plötzlich bemerkte Max ein riesiges Paar glänzender Augen in der Tiefe. Sie glitzerten wie goldene Kugeln, die schlitzförmige Pupillen teilten. Er sah direkt in die Augen dieser Kreatur. Etwas Bedrohliches lag in ihrem Blick. Als ein Sonnenstrahl durch die Meeresoberfläche fiel, erkannte Max unzählige Tentakel: Es war ein gigantischer Kraken!

„Schnell, weiter!“, rief die Meerjungfrau. „Der Riesenkraken ist normalerweise friedlich, aber wenn er sich gestört fühlt, kann er mit seinen Greifarmen ganze Schiffe in die Tiefe ziehen!“
Rasch schwamm Max zu seiner Schwester und der Meerjungfrau. Ihm schnellte ein Tentakel hinterher, der ihn wie einen Peitschenschlag antrieb. Puh, geschafft! Erleichtert atmete Max auf.

Der Kraken inspirierte zahlreiche Künstler zu Büchern und Filmen.

Das Rätsel von Loch Ness

Das Ungeheuer von Loch Ness, auch Nessie genannt, bewohnt laut zahlreichen Augenzeugenberichten den gleichnamigen, riesigen See Loch Ness in Schottland. Seit 1934 existiert ein Gesetz, das Nessie – im Falle seiner Existenz – unter Naturschutz stellt.

PLESIOSAURIER

Nessie soll bis zu 20 Meter lang sein und einem Plesiosaurier ähneln, einem riesigen Meeresreptil, das mit den Dinosauriern ausgestorben ist.

NESSIE

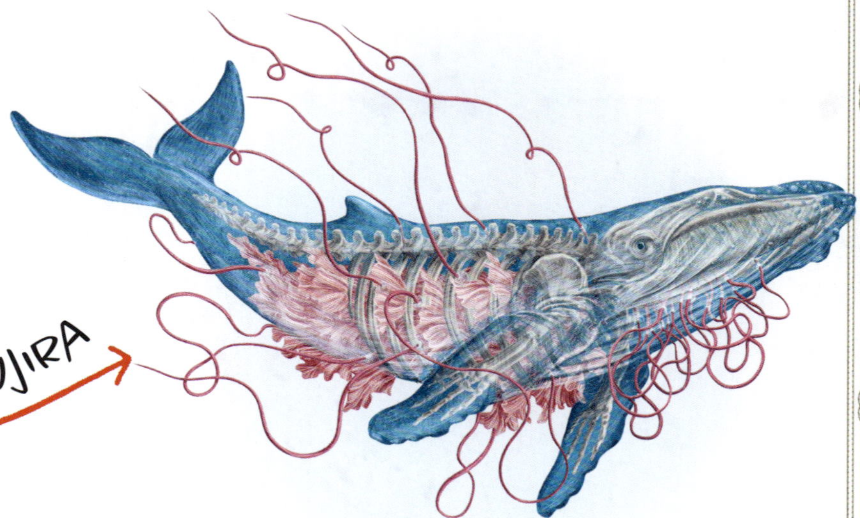

BAKE-KUJIRA

Der rachsüchtige Geisterwal schwimmt im Meer um Japan, immer auf der Suche nach den Walfängern, die ihn getötet haben. Dabei lehrt er auch unschuldige Seefahrer das Fürchten. Als riesiges Walskelett können Harpunen ihm nichts mehr anhaben.

DROHENDE GEFAHR

Die Meerjungfrau hielt erst an, als sie sicher war, dass der Kraken ihnen nicht mehr folgte. Sie ruhten sich an einer Felswand aus, die aus dem Wasser ragte. Max keuchte. „Das war echt knapp!" Helen murmelte: „Das kannst du laut sagen."
„Die Strömungen verraten mir, dass die Gefahr noch nicht vorüber ist", flüsterte die Meerjungfrau. Kaum hatte sie das gesagt, landete mit einem lauten Platsch etwas im Wasser. Es war eine hundeähnliche Kreatur mit schwarzem Fell, deren Schwanz in einer Kralle endete. Zum Glück schenkte das Tier ihnen keine Beachtung, sondern jagte einer Qualle hinterher.
„Was ... ist das?", stotterte Max.
Die Meerjungfrau legte einen Finger an die Lippen und die Kinder drückten sich näher an den Felsen. „Ein Ahuizotl", wisperte sie. „Ein Wasserhund, der mit seiner Kralle gern nach Beute jagt."
„Aber die arme Qualle! Wir müssen ihr helfen!", flüsterte Helen.
„Die schafft das schon. Das ist keine gewöhnliche Qualle, sondern eine Kurageno-hinotama. Seht einfach hin."

Die Azteken ...

... waren eine Hochkultur in Mittelamerika. Sie nannten sich selbst Mexica oder Nahua. Daher hat der heutige Staat Mexiko seinen Namen.

Diese Ahuizotl-Kachel stammt aus der mexikanischen Stadt Tepoztlán.

Und tatsächlich: Die Qualle wich dem Ahuizotl geschickt aus, schwamm an ihm vorbei und stieg aus dem Wasser empor. Sie schwebte einfach in der Luft weiter! Der Wasserhund knurrte beleidigt und die Kinder sahen durch die Wasseroberfläche hindurch verschwommen, wie die Qualle davonflog.

Die Kurage-no-Hinotama leben in Sümpfen, Mooren und am Meer. Im Gegensatz zu gewöhnlichen Quallen schweben sie auch in der Luft. Ihre glühenden Tentakel sind bei Berührung tödlich.

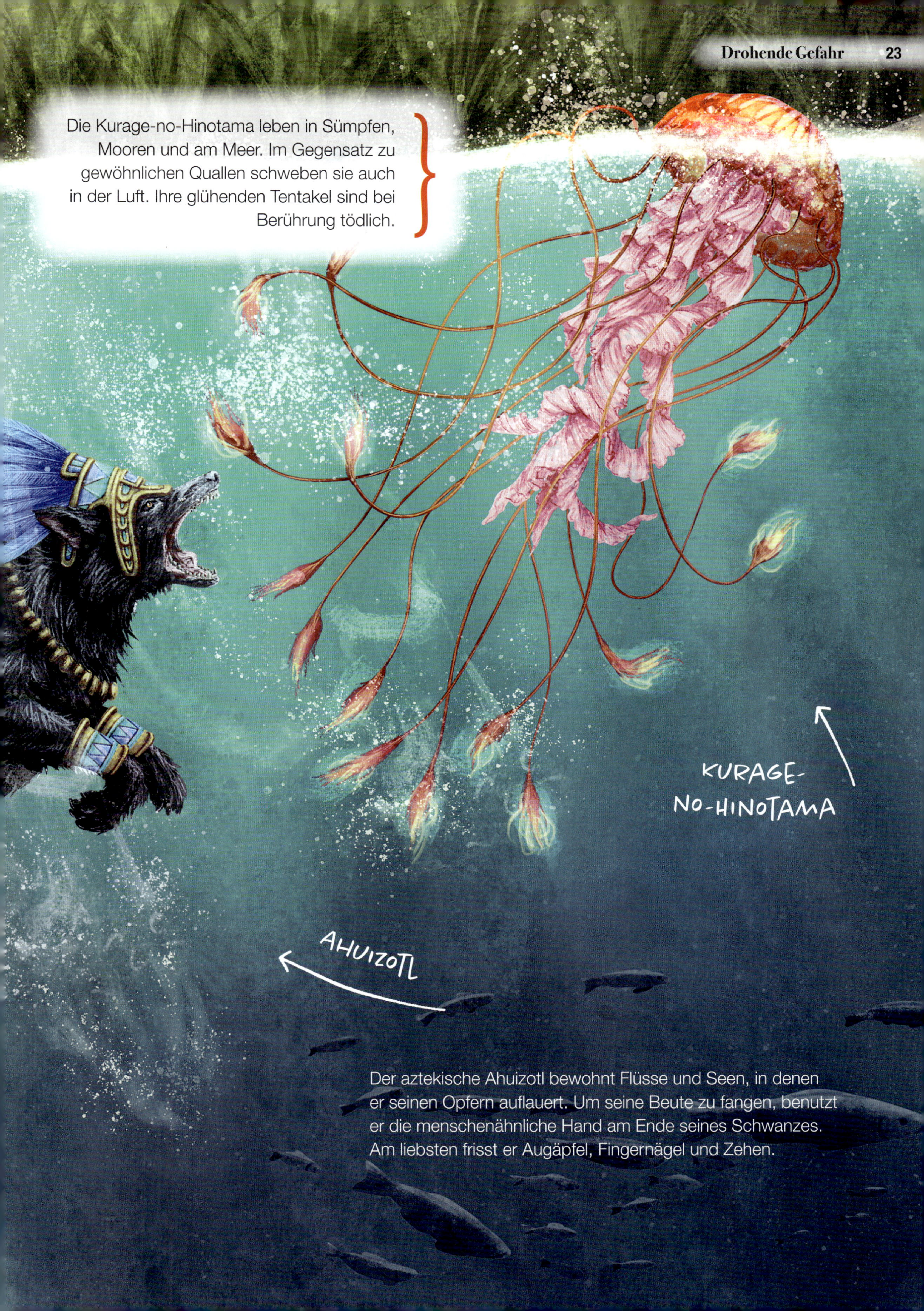

Der aztekische Ahuizotl bewohnt Flüsse und Seen, in denen er seinen Opfern auflauert. Um seine Beute zu fangen, benutzt er die menschenähnliche Hand am Ende seines Schwanzes. Am liebsten frisst er Augäpfel, Fingernägel und Zehen.

DIE FRAU IM ROBBENPELZ

Ohne dass der Ahuizotl sie bemerkte, schwammen die Meerjungfrau und die Kinder davon. Sie gelangten zu einem unterirdischen Tunnel, den leuchtende Kristalle erhellten.
Die Meerjungfrau lächelte. „Hier muss ich mich von euch verabschieden. Im Süßwasser fühle ich mich nicht wohl und dieser Durchgang führt zu einem See im Herz des magischen Waldes. Folgt einfach meiner Freundin. Viel Glück, Kinder!" Sie nickte in Richtung einer Robbe, die ihnen aus dem Tunnel entgegentauchte.
„Danke für alles!", riefen Max und Helen und schwammen auf die Robbe zu. Sie winkte ihnen mit einem Flossenschlag zu. Irgendetwas verriet den Kindern, dass es sich nicht um eine gewöhnliche Robbe handelte. Aber was war sie dann?

Diese Selkie-Statue befindet sich auf den Färöer-Inseln und ist so konstruiert, dass sie 13 Meter hohen Wellen standhält.

HIPPOKAMP

Das Hippokamp erinnert an ein Seepferdchen und ist ein beliebtes Reittier des griechischen Meeresgottes Poseidon. Man findet es auf vielen antiken Gefäßen.

SELKIE

In Schottland kursieren Gerüchte über Robben, die sich in Menschen verwandeln, indem sie ihr Fell ablegen. Die Selkie-Frauen sind in menschlicher Gestalt unglaublich schön. Wenn man ihnen ihr Fell stiehlt, können sie sich nicht zurückverwandeln und sie vergehen vor Sehnsucht nach dem Wasser.

KAPPA

Die Kappa sind Wesen der japanischen Mythologie, die in Flüssen und Teichen leben. Sie lieben Gurken und fordern Menschen gern zum Sumoringen heraus. Ihre Stärke kommt aus der „Sara“, einer Wasser-Mulde auf ihrem Kopf. Leert sich diese, ist der Kappa geschwächt.

IM HERZ DES MAGISCHEN WALDES

Die Kinder stießen mit dem Kopf durch die Oberfläche und die Luftblasen platzten. Beide atmeten erleichtert auf. „Endlich wieder fester Boden unter den Füßen!", rief Max und half seiner Schwester ans Ufer.

Gegenüber stand eine Frau und lächelte. Um ihre Schultern lag ein Fell mit grauen Punkten. War das etwa ... die Robbe? „Wundert euch nicht. Als Selkie kann ich die Robbenhaut an- und ablegen, wie es mir gefällt. Lebt wohl, Kinder!" Mit diesen Worten verwandelte sie sich auch schon zurück und verschwand in den Tiefen des Sees.

„Danke fürs Herbringen!", rief Helen ihr noch hinterher und sah sich dann um. Sonnenstrahlen fielen durch die Blätter auf den See hinab. Auf der anderen Uferseite stand ein Einhorn und graste friedlich. „Max, guck mal! Das Silberhaar eines Einhorns, das ist auch eine Zutat, die wir brauchen!"

ANGRIFF DER ZENTAUREN

Doch die begeisterten Rufe der Kinder erschreckten das Einhorn. Es hob den Kopf und galoppierte davon. Max fluchte und die beiden rannten dem Tier hinterher. Plötzlich hörten sie erneut Hufgetrappel. Das konnte doch nicht das Einhorn sein, oder? Da schlug neben ihnen ein Pfeil in den Baum ein. Helen schrie auf und versteckte sich hinter ihrem Bruder. Zwischen den Bäumen erschien eine Gruppe Männer, doch etwas war merkwürdig an ihnen – sie hatten ab der Hüfte Pferdekörper!

„Wer wagt es, den Frieden dieses Waldes zu stören?", rief einer von ihnen und spannte erneut den Bogen.

„Wir haben nichts Böses im Sinn!", sagte Max und machte einen Schritt auf die Gestalten zu.

„Ja, wir wollten nur das Einhorn bitten, uns eins seiner Silberhaare zu geben. Wir handeln im Auftrag der Irrlichter." Helen trat neben ihren Bruder und hob entschuldigend die Hände.

„Ach ja, da war was. Wir Zentauren sind die Hüter dieses Waldes. Wer seine Bewohner jagt, bekommt es mit uns zu tun, egal wie wichtig euer Auftrag ist." Ein schreckliches Heulen übertönte seine Worte und die Kinder hielten sich die Ohren zu, bis es verstummte. Der Zentaur grinste. „Oh, das war der Ruf einer Banshee. Das verheißt nichts Gutes."

„Eine Banshee? Was ist das?", fragte Max mit einem Kloß im Hals.

„Eine Todesfee. Ihr Ruf kündigt einen bevorstehenden Tod an – vielleicht euren?"

„Die Banshi von Bunworth“ zeigt ein Bild aus dem gleichnamigen Märchen, in dem ihr Weinen den Tod des Pfarrers Carl Bunworth ankündigt.

Todesbotin

Die Banshee wird meist am Wegesrand oder an Gewässern gesichtet. Häufiger wird sie jedoch nur gehört: Es heißt, der Schrei der Banshee könne wahnsinnig machen oder gar töten. In irischen Sagen kündigt das Heulen einer Banshee den bevorstehenden Tod eines Familienmitglieds an.

BANSHEE

Der berühmte Zentaur Cheiron gilt als Erfinder von Pfeil und Bogen und war ein begnadeter Schütze.

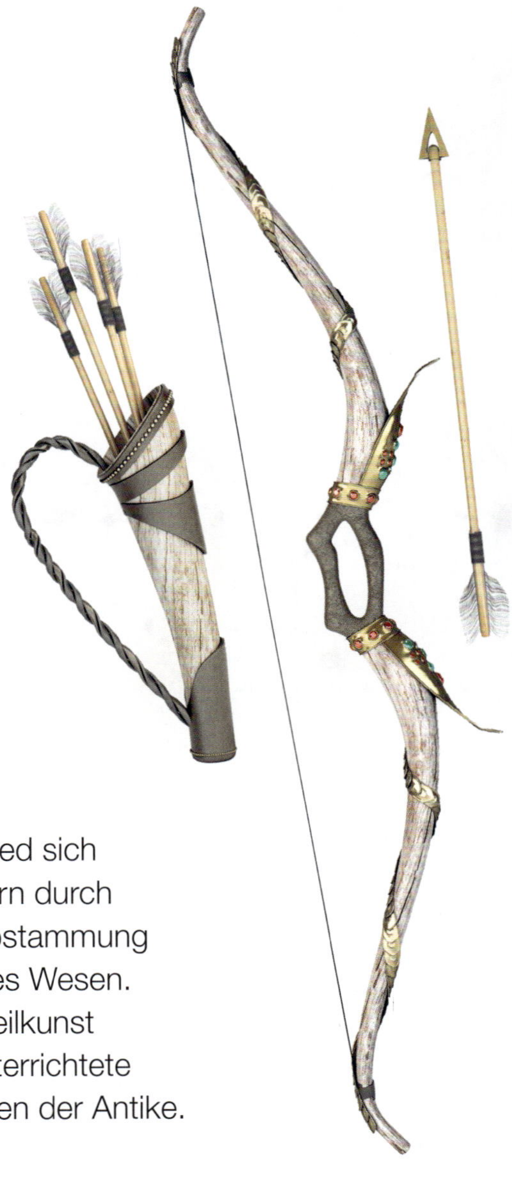

Cheiron unterschied sich von seinen Brüdern durch seine göttliche Abstammung und sein friedliches Wesen. Er beherrschte Heilkunst und Jagd und unterrichtete bedeutende Helden der Antike.

SCHWIRRENDE HILFE NAHT

„So ein Unsinn!“, ertönte plötzlich eine zarte Stimme. Eine kleine geflügelte Gestalt schwebte von einem Ast herab und drängte sich zwischen die Kinder und die Zentauren. „Der Ruf der Banshee galt nicht den beiden. Ihr wisst genau, wie wichtig die Mission der Kinder ist. Also lasst sie bitte passieren.“

Grummelnd senkten die Zentauren ihre Waffen und trabten zwischen den Bäumen davon. „Nicht mal ein bisschen Spaß darf man haben!“, rief einer noch über die Schulter.

„Keine Sorge, Kinder. Die Zentauren sind einfach streitlustig, aber wir Feen helfen euch gern. Wir werden wegen unserer geringen Größe gern unterschätzt“, erklärte die Fee.

„Von einer Todesfee habe ich noch nie gehört. In meinen Märchen sind Feen immer gutartig, so wie du“, sagte Helen.

Die Fee grinste und schlug mit ihren Schmetterlingsflügeln, an denen funkelnder Staub haftete. „Na, lasst euch nicht von meinem zarten Äußeren täuschen. Feen gibt es in aller Welt und leider sind nicht alle von ihnen friedlich, dafür aber immer mächtig.“

ASRAI

Die Asrai der englischen Folklore leben am Grund von Seen. Bei Berührung mit Sonnenstrahlen zerfließen sie zur Wasserlache. Alle hundert Jahre kommen sie an die Oberfläche, um im Mondlicht zu baden.

FEE

Heute werden Feen oft als winzige weibliche Naturgeister mit Insektenflügeln dargestellt, die eng mit Blumen und Pflanzen verbunden sind – eine Vorstellung, die besonders der Dichter William Shakespeare geprägt hat.

YAKSHA

Yaksha sind Naturgeister der buddhistischen und hinduistischen Mythologie, die in der Erde verborgene Schätze bewachen. Manche greifen in der Wildnis Wanderer an.

Menehune sind kleine Waldwesen aus Hawaii, die über Nacht beeindruckende Bauwerke errichten.

Die westafrikanischen Aziza sind hilfsbereite Waldgeister, die ihr Wissen über den Feuergebrauch und die Jagd mit den Menschen teilen, die achtsam mit der Natur umgehen.

Paria sind geflügelte Wesen aus Persien, die den Menschen meist wohlgesinnt sind. Ihre Gegenspieler sind die Diwe, die gerne Jagd auf sie machen.

Diwe sind bösartige Dämonen, die in der Dunkelheit an Kraft gewinnen. Sie sind vorwiegend bei Nacht unterwegs und verursachen Krankheiten und Albträume.

UNTER DER ERDE ZU HAUSE

„Dort entlang führt eine Abkürzung zum Einhorn“, sagte die Fee und deutete auf einen höhlenartigen Eingang, der unter einer Wurzel hervorragte. „Aber ich bleibe lieber draußen an der frischen Luft.“

Die Kinder bedankten sich und gingen zur Höhle, wo steinerne Stufen in die Dunkelheit führten. Sie tasteten sich vorwärts. Die Luft war kühl und es roch nach feuchtem Moos. Plötzlich übersah Max eine Stufe. Er rutschte aus und schlug sich das Knie an. „Aua!“ Helen half ihm auf. „Oje, das blutet“, sagte sie besorgt.

Max biss sich auf die Lippe. „Tut nicht weh, ich habe mich nur erschrocken.“

Die letzten Stufen gingen sie Arm in Arm hinunter. Hinter der nächsten Biegung leuchteten ihnen das Licht einer Laterne entgegen.

„Oh, Besuch! Das ist lange her“, sagte eine kleine Gestalt mit grüner Kleidung und rotem Haar. Sie drehte eine goldene Münze zwischen den Fingern.

„Seid willkommen in unserem Zuhause“, rief ein bärtiges Wesen von ebenso geringem Wuchs, das sich auf eine große Streitaxt stützte.

IM HEIM DER ERDGEISTER

„Hallo, wer seid ihr?", fragte Max und bewunderte die glänzende Rüstung des Axtträgers. „Ich bin ein Zwerg und das ist mein Freund, der Leprechaun, der gerade aus Irland zu Besuch ist", sagte er. Helen stieß ihren Bruder leicht in die Seite und nickte in Richtung Münze. Die brauchten sie für ihren Trank!

„Ich verstehe schon", sagte der Leprechaun und lachte. „Ein Leprechaun hängt sehr an seinem Gold. Aber nun, ich weiß ja, dass ihr Kinder hier seid, um die Erinnerung an uns Fabelwesen in die Menschenwelt zu bringen. Das geht ja nur, wenn ihr sicher zurückkommt."

Mit einem Zwinkern warf er Helen die Münze zu, die sie geschickt auffing.

„Seht euch ruhig ein wenig hier unten um. Wir Erdgeister werden gern alle in einen Topf geworfen, aber jeder von uns ist einzigartig", erklärte der Zwerg und zeigte auf einen Gang, der tief ins Innere des Erdreichs führte.

ZWERG

Das kämpferische Volk der Zwerge entstammt der nordischen Folklore. Zwerge sind auch als geschickte Bergarbeiter und Schmiede bekannt.

LEPRECHAUN

Der irische Leprechaun ist berühmt für seine grüne Kleidung, sein rotes Haar und sein Geschick als Schuster. Er liebt Gold und gibt seinen Schatz nur preis, wenn jemand ihm den Ort entlockt, an dem er ihn verbirgt.

TROLL

In der nordischen Mythologie sind Trolle oft riesenhafte Kreaturen, die in Abgeschiedenheit leben. Besonders bekannt ist der Mythos, dass Trolle sich bei Sonnenlicht zu Stein verwandeln.

KOBOLD

Der Kobold gilt als listiges Wesen von kleinem Wuchs. Als Hausgeist neckt er gerne die Bewohner „seines“ Hauses.

IMP

Der Imp der englischen Folklore ist ein dämonenhaftes kleines Wesen, das gerne Schabernack treibt und als besonders lästig gilt.

PIXIE

Im Südwesten Englands leben Pixies, kleine Wesen mit spitzen Ohren. In ländlichen Gegenden stellt man ihnen noch heute Geschenke vor die Haustür, um sie milde zu stimmen.

DOKKAEBI

Der Dokkaebi der koreanischen Mythologie ist ein Kobold, der gerne Streiche spielt, aber gutherzige Menschen mit seinen Zauberkräften belohnt. Oft ist er im Hanbok gekleidet, einer koreanischen Tracht, die bei Festen getragen wird.

GNOM

Als menschenähnlicher Erdgeist lebt der Gnom im Erdreich, dessen Hüter er ist.

DIE STIMME DES WALDES

Nach all den Begegnungen und Abenteuern im Bau der Erdgeister genossen die Kinder es, wieder an der Oberfläche zu sein. Sie setzten sich unter einen Baum, der angenehmen Schatten spendete.
„Hallo ihr“, erklang da eine sanfte Stimme, die wie das Rascheln von Blättern klang. Helen und Max schauten erstaunt auf und bemerkten ein Gesicht, das in den Baum geschnitzt zu sein schien. „Ich bin eine Dryade und dieser Baum ist mein Zuhause.“
Plötzlich knackte ein Zweig neben ihnen und Helen zuckte zusammen. „Ist das ein Fuchs?“, fragte sie. „Aber der ist ja ganz weiß!“
Die Dryade lachte und der ganze Baum schüttelte sich dabei, als ginge ein starker Wind. „Nein, nein. Das ist kein gewöhnlicher Fuchs. Schaut, wie viele Schwänze er hat. Das ist ein Kitsune – ein Fuchs, der sich auch in einen Menschen verwandeln kann.“

DRYADE

Die Dryaden der griechischen Mythologie sind eng mit dem Baum verbunden, den sie bewohnen. Stirbt der Baum, so stirbt mit ihm auch die Dryade.

Kitsune

Kitsune sind in Japan ebenso beliebt wie gefürchtet. Als Gestaltwandler können sie jeden menschlichen Körper annehmen, zum Beispiel den einer jungen, hübschen Frau. So führen sie ihre Opfer gerne an der Nase herum.

Kitsune-Masken erfreuen sich auf japanischen Festen großer Beliebtheit.

GIGANTEN AUS ALLER WELT

Erstaunt sahen die Kinder dem Kitsune hinterher. „Übrigens, das Einhorn ist kürzlich hier entlanggelaufen", sagte die Dryade und deutete mit einem Ast in eine Richtung, wo hohe Bäume standen und der Wald dunkler wurde.
Helen und Max sprangen auf und liefen los. Nach wenigen Schritten hielten sie abrupt an. Auf dem Waldboden befand sich eine riesige Fußspur, die in genau dieselbe Richtung führte. „Ein Riese?", fragte Helen. „Sind die nicht gefährlich?"
Die Dryade rief: „Schaut euch den Abdruck genau an. Sieht er eher aus wie eine Pfote? Dann stammt die Spur vermutlich vom Yeti oder Bigfoot."
Die Kinder gingen in die Knie und schüttelten dann beide den Kopf. „Ne, der Fußabdruck sieht beinahe menschlich aus, nur eben viel, viel größer", sagte Max.
„Dann handelt es sich wahrscheinlich um einen Zyklopen. Aber ehrlich gesagt solltet ihr euch vor den meisten von ihnen in Acht nehmen", sagte sie abschließend.
„Na, toll", sagte Helen wenig begeistert.
Die Äste der Dryade winkten wie Arme, als sich Helen und Max auf den Weg machten.

YMIR

Als erster Reifriese spielt Ymir eine wichtige Rolle in der Schöpfungsgeschichte der nordischen Mythologie. Die ersten Götter töteten Ymir und formten aus seinen Körperteilen die Welt: Sein Fleisch wurde die Erde, sein Blut Wasser, seine Knochen Gebirge.

QUINAMETZIN

Von den Azteken stammt der Mythos der Quinametzin, die vor den Menschen die Erde bewohnt haben sollen. Die Götter richteten die Quinametzin zugrunde, weil sie sich weigerten, sie zu verehren.

ZYKLOP

Der Zyklop aus der griechischen Mythologie ist an seinem einzelnen Auge oberhalb der Nase zu erkennen. Der Held Odysseus entkam dem Zyklopen Polyphem nur durch eine List.

ONI

Oni sind riesenähnliche Kreaturen der japanischen Mythologie, die scharfe Klauen und rote oder blaue Haut haben. Beim Setsubun, dem Frühlingsfest, verscheucht man sie, indem man Sojabohnen wirft.

YETI

Der Yeti soll tief im Himalaya leben. Mehr als unerklärliche Fußabdrücke hat man von ihm bisher nicht gesichtet. Ob man ihn nur mit dem Tibetischen Braunbären oder dem ausgestorbenen Riesenaffen Gigantopithecus verwechselt hat, ist bis heute unklar.

DER KLANG DER PANFLÖTE

Die Kinder hatten Glück und die riesigen Fußspuren verloren sich bald Richtung Gebirge. Tiefer im Wald hörten sie eine zauberhafte Melodie. Auf einem Felsen saß ein seltsames Geschöpf, das auf einer Panflöte spielte. Es hatte Hörner und den Unterkörper eines Ziegenbocks und wiegte sich im Rhythmus der Musik. Als es Max und Helen bemerkte, machte es eine kleine Verbeugung und die beiden klatschten begeistert für das schöne Stück.
„Ein Pan freut sich immer über ein glückliches Publikum.“ Seine Stimme klang ein wenig wie das Blöken einer Ziege.
„Ist das Einhorn hier entlanggekommen, Pan?“, fragte Helen.
Der Pan nickte. „Ja, es war sehr aufgeregt. Ich wollte es mit meinem Flötenspiel beruhigen, aber bevor ich auch nur einen Ton spielen konnte, war es schon weg.“
„Könntest du uns vielleicht helfen, es zu finden? Wir brauchen so dringend eins seiner Silberhaare, sonst …“
„… kommt ihr nicht fort, wie? Also gut, ich begleite euch. Vorsicht, dass ihr nicht durch dieses Spinnennetz lauft. Es könnte von Tsuchigumo stammen. Besser wäre Anansi, aber wer kann das schon sagen?“

Angewidert betrachteten die Kinder das riesige Spinnennetz, das sich zwischen zwei Bäumen spannte.
„Wie unterscheiden sich die beiden?“, fragte Helen. Pan lachte blökend und erklärte es ihnen.

SATYR

Leicht mit Pan zu verwechseln sind die Satyrn, trinkfreudige Gesellen, die meist nichts Gutes im Schilde führen. Oft treten sie in Begleitung des Weingottes Dionysos auf – wie hier auf der antiken Vasenmalerei.

PAN

Als Hirtengott der griechischen Mythologie beschützt Pan die Wälder und Wiesen, in der römischen Mythologie ist er als „Faun“ bekannt. Pan hat eine große Vorliebe für Musik, Tanz und Geselligkeit. Nach ihm ist die Panflöte benannt.

Das riesige Spinnenwesen Anansi gilt in westafrikanischen Mythen als Schöpfer von Sonne und Mond. Obwohl er auch als schlitzohrig beschrieben wird, lehrte er die Menschen, Getreide anzubauen.

ANANSI

Tsuchigumo

Die monströse Riesenspinne Tsuchigumo taucht als Bedrohung in japanischen Märchen und Sagen auf. Ihr Bezwinger, der Krieger Minamoto no Raikō, nennt sich fortan „Spinnenschlitzer" und wird als Held verehrt.

Dieser Farbholzschnitt zeigt den Helden im Kampf gegen die Riesenspinne.

EINE MAGISCHE BEGEGNUNG

Nach Pans gruseliger Erzählung von Tsuchigumo waren die Kinder umso erleichterter, dass das Spinnennetz leer gewesen war. Sie kamen auf eine Lichtung mit einem Weiher in der Mitte, auf dem Seerosen schwammen. Pan legte einen Finger an die Lippen. Da sahen die Kinder das Einhorn. Es stand mitten im Wasser und sein weißes Fell schimmerte im Sonnenlicht.
Pan setzte die Flöte an die Lippen und die Töne tanzten durch die Luft. Das Einhorn stieß ein fröhliches Wiehern aus und trabte langsam auf sie zu.
Helen unterdrückte einen verzückten Aufschrei und sagte sanft: „Wir sind hier, um euch Fabelwesen kennenzulernen. Von dir brauchen wir eins deiner Silberhaare, um wieder nach Hause zu kommen.“ Das Einhorn stand ihnen nun direkt gegenüber. Vorsichtig deutete Max auf den Schweif. Das Einhorn gab ihm mit einem Kopfnicken zu verstehen, dass er eins der Silberhaare zupfen durfte. Helen streichelte dem Einhorn den Hals. Max steckte das Haar in seine Hosentasche, wo er bereits die Meerjungfrauenschuppe aufbewahrte.

SCHOTTISCHES WAHRZEICHEN

Als Nationaltier Schottlands verkörpert das Einhorn die schottischen Ideale: Stolz, Freiheitsliebe und Reinheit.

NARWAL

Das gedrehte Horn des Narwals, der in arktischen Gewässern lebt, wurde früher als Horn des Einhorns verkauft. Es handelt sich eigentlich um seinen Eckzahn, der bis zu drei Meter lang werden kann. Der Narwal wird auch als „See-Einhorn“ bezeichnet.

Bedrohte Art

Das Einhorn gilt als sanftmütiger Einzelgänger, der zurückgezogen in Wäldern lebt. Ein Grund dafür ist sein Horn, dem magische und heilende Kräfte zugeschrieben werden – dies macht das Einhorn zu einer beliebten Jagdbeute. Pulver aus dem Horn soll vergiftetes Wasser reinigen und eine Berührung mit dem Horn kann sogar Tote wieder zum Leben erwecken.

PEGASUS

Diese Statue aus Polen zeigt das geflügelte Pferd Pegasus aus der griechischen Mythologie. Er zog den Wagen des Göttervaters Zeus.

Als Sternbild der nördlichen Halbkugel findet sich Pegasus noch heute am Himmel verewigt.

QILIN

Als „chinesisches Einhorn“ wird das Huftier Qilin bezeichnet, das Liebe, Frieden und Güte verkörpert. Es erscheint bei der bevorstehenden Geburt eines weisen Herrschers. Äußerlich markant sind sein Hirschgeweih, der Löwenschwanz und der Bart eines Karpfens.

VERWANDTE DES EINHORNS

Pan beendete sein Flötenspiel. „Nun braucht ihr jemanden, der euch in die hohen Lüfte trägt. Das Einhorn kann das leider nicht. Schade, dass das Alicorn gerade ausgeflogen ist."
„Ein Alicorn?", fragte Max.
Der Pan nickte. „Das ist ein Einhorn mit Flügeln. Pegasus wäre auch eine Möglichkeit, aber der besucht gerade seinen Freund, den Qilin."
„Was ist ein Qilin?", fragte Helen neugierig.
„Das ist ein Einhorn aus China", erklärte Pan.
„Es gibt sogar noch ein persisches Einhorn namens Karkadann. Wie dem Horn des Einhorns werden auch dem Horn des Karkadanns magische Kräfte wie die Heilung von Krankheiten zugeschrieben. Aber ich glaube, ich weiß, wer euch nach oben bringen kann: der Hippogreif."

ALICORN

Unterschied

Das Alicorn unterscheidet sich von Pegasus dadurch, dass es neben den Flügeln auch das typische Horn eines Einhorns auf der Stirn trägt.

KARKADANN

Das Karkadann soll in den Grasebenen Indiens und Persiens gelebt haben und hat seinen Ursprung im Nashorn. Das persische Wort „karkadann" wird sowohl für das Einhorn als auch das Nashorn verwendet.

AB IN DIE LUFT

Das Einhorn führte sie zu einem hohen Felsen, auf dem sich ein seltsames Wesen in der späten Nachmittagssonne räkelte. Das Einhorn wieherte erneut, woraufhin das Wesen den Kopf hob.
„Das ist der Hippogreif“, flüsterte Pan. Helen dachte zuerst, es sei ein Adler. Erst als er aufstand, erkannten die beiden, dass er statt Krallen die Hinterbeine eines Pferdes besaß!
Der Hippogreif sprang geschmeidig vom Felsen, legte den Kopf schief und musterte die Kinder.
„Könntest du uns in die hohen Lüfte tragen?“, fragte Helen vorsichtig.
Es dauerte einen Moment, ehe der Hippogreif krächzte: „Wenn die Irrlichter euch ausgewählt haben, dann seid ihr wohl würdig, um auf mir zu reiten. Das ist eine große Ehre. Nehmt Platz und haltet euch gut fest, das wird ein wilder Ritt.“

Unterschied

Der Greif ist eine Mischung aus Adler und Löwe, während der Hippogreif Teile des Pferdes enthält. Beide gelten als stark und wachsam und sind daher beliebte Wappentiere.

GREIF

HIPPALEKTRYON

Das Hippalektryon ist ein weniger bekanntes Fabelwesen der griechischen Mythologie. Es heißt, dass der Schrei des Hippalektryon das Böse vertreibt, so wie der Hahn mit seinem Krähen die Nacht verabschiedet.

Der Hippogreif gilt als schnelles Flugtier, das sogar bis zum Mond fliegen kann.

1 *Adlerkopf*
2 *Adlerklauen*
3 *Pferdehufe*
4 *Pferdeschweif*

RITT DURCH DIE HOHEN LÜFTE

Der Wind blies den Kindern um die Ohren und die Bäume unter ihnen wurden langsam kleiner. Der Hippogreif schien den Flug zu genießen und stieß vergnügt einige Adlerschreie aus. Max krallte sich in seine Federn und das Fell, während sich Helen an ihn klammerte. Neben ihnen ragten Felsen auf und Helen kämpfte mit ihrer Höhenangst. Aber der Ausblick vom Rücken des Hippogreifs war atemberaubend. Über dem Wald ging langsam die Sonne unter und tauchte den Himmel in ein leuchtendes Orange und Rot. Hier und dort flogen die seltsamsten Kreaturen umher und die Kinder staunten. „Welche Zutat braucht ihr hier oben?", fragte der Hippogreif und reckte seinen Kopf zu ihnen. „Eine Feder von der Regenbogenkrähe!", riefen die Kinder im Chor.

EIN SCHATTEN VERDUNKELT DIE SONNE

Plötzlich schwebte über ihnen ein riesiger Vogel. „Schau mal!“, rief Helen, aber schon war er wieder verschwunden. Sie suchte den Himmel ab. Mit einem Mal schob sich seine Silhouette als riesiger Schatten vor die Sonne und verdunkelte den Himmel. Dann verschwand das gigantische Tier wieder hinter Wolkenbergen.
„Was war das?“, rief Max erschrocken.
„Oh, das war nur ein Riesenvogel, ein Roc. Ein ziemlich netter Kerl, solange man ihn nicht ärgert. Am liebsten frisst er Elefanten“, sagte der Hippogreif, als wären dieser gigantische Vogel und seine Essensvorlieben das Normalste der Welt.

ELEFANTENVOGEL

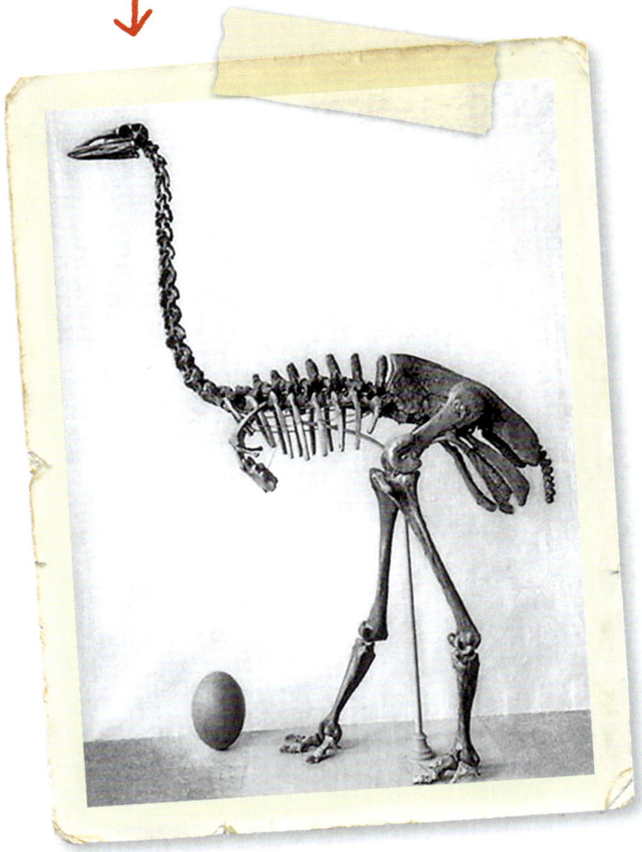

Forscher vermuten, dass der Mythos auf den Fund großer Vogelknochen zurückgeht: auf die des ausgestorbenen Elefantenvogels Aepyornis maximus. Im Gegensatz zum Roc war dieser jedoch flugunfähig.

MARCO POLO

Im 13. Jahrhundert berichtete der italienische Entdecker Marco Polo, dass er in Madagaskar einen Roc gesichtet habe. Gesandte machten sich auf die Suche und fanden eine riesige Feder – heute geht man davon aus, dass es bloß das Blatt einer Raphia-Palme war.

„Diese Größe kann einem richtig Angst einjagen“, murmelte Helen. „Die Menschen kennen die Roc-Vögel vor allem aus den Geschichten von Tausendundeine Nacht“, erzählte der Hippogreif. Daraufhin rief Helen: „Das steht noch auf meiner Leseliste! Das ist doch diese berühmte Märchensammlung aus Asien und Nordafrika, oder?“

Der Hippogreif nickte. „Da kommen die Roc-Vögel nicht ganz so gut weg, weil sie Steinbrocken auf das Schiff von Sindbad dem Seefahrer werfen und es zum Kentern bringen. Allerdings muss man zu ihrer Verteidigung sagen, dass Sindbad mit seinen Männern vorher das Ei des Roc-Vogelpaares verspeist hatte.“

„Hat Sindbad überlebt?“, fragte Max.

„Ja“, beruhigte ihn der Hippogreif. „Er wurde an Land einer damals noch unbesiedelten Insel gespült: Madagaskar. Von dort entkam er nur, indem er sich ans Bein eines Roc-Vogels band und von ihm fortgetragen wurde.“

Wie groß war Roc?

Roc war angeblich 10 Meter lang und seine Flügelspannweite betrug 24 Meter – groß genug, um die Sonne zu verdunkeln. Er war so stark, dass er mit seinen Krallen Elefanten durch die Luft tragen konnte und diese in seinem Nest verschlang.

EIN VOGEL WIE AUS GOLD

Auf den Felsen glitzerte etwas Goldenes. Es war ein Vogel, der reglos wie eine Statue dasaß. Nur seine leuchtenden Augen hoben sich von seinem goldenen Gefieder ab.
„Ist der echt?“, fragte Max.
„Ja“, sagte der Hippogreif. „Das ist ein Allicanto. Hat wohl heute wieder eine Menge Gold gefressen.“
„Das heißt, was er frisst, wirkt sich auf die Farbe seines Gefieders aus?“, fragte Helen.
„Genau: Gold, Silber, manchmal auch Kupfer. Er ist kein angenehmer Zeitgenosse, aber keine Sorge: Das viele Edelmetall, das er futtert, zaubert ihm zwar ein wunderbar glänzendes Gefieder, aber es macht ihn gleichzeitig so schwer, dass er nicht fliegen kann. Allerdings kann er dafür ziemlich schnell rennen.“
Helen zeigte auf ein anderes geflügeltes Wesen, das ganz in der Nähe des Allicanto auf den Felsen ruhte.
„Und was ist das?“
„Oh, das ist Garuda, auch ein edles Reittier. Aber so edel, dass auf ihm nur der Gott Vishnu reiten darf. Ihr müsst euch also mit mir begnügen“, sagte der Hippogreif und stieß ein krächzendes Lachen aus.

Der Allicanto ist ein Vogeldämon der Atacama-Wüste (Chile, Südamerika), dessen Gefieder auch im Dunkeln leuchtet. Folgt ihm jemand in der Dunkelheit, um durch ihn Reichtümer zu finden, stellt der Vogel das Leuchten ein und der Verfolger stürzt in eine Schlucht.

VISHNU AUF GARUDA

Die Garuda-Wisnu-Kencana-Statue ist 75 Meter hoch und befindet sich im Süden der Insel Bali. Sie zeigt den Gott Vishnu, der auf Garuda reitet – die Flügelspannweite beträgt sagenhafte 64 Meter.

König der Vögel

Garuda kommt in verschiedenen asiatischen Mythologien vor. Er gilt als König der Vögel und dient als Götterbote. Seine Verbreitung in ganz Südasien macht ihn zu einem beliebten Wappentier, da er Stärke und königliche Hoheit verkörpert. Im Hinduismus ist Garuda das Reittier von Vishnu, einem der wichtigsten Götter dieser Religion.

HEILSAME SCHWINGEN

Max sah einen leuchtenden Vogel auf sie zukommen. Sein schneeweißes Gefieder glänzte und funkelte. Er flog so dicht an sie heran, dass seine Flügel fast Max' Knie berührten, das er sich beim Sturz im Bau der Erdgeister aufgeschlagen hatte. Nur Augenblicke später war die Wunde verschwunden. Dafür schien das Gefieder des Vogels etwas dunkler geworden zu sein.
„Danke!", rief Max dem Vogel noch hinterher, während dieser in Richtung Abendsonne flog.
„Ist deine Verletzung verheilt?", fragte Helen erstaunt.
„Das war ein Caladrius, Kinder. Seine Heilkräfte nutzt er sonst für Königinnen und Könige. Bald wird sein Gefieder wieder strahlend weiß sein. Die Sonne brennt die Krankheiten und Wunden weg, die der Caladrius aufnimmt", erklärte der Hippogreif und Max lachte.
„Das ist echt unglaublich. So einen könnten wir beim Klettern gut gebrauchen, oder, Helen?"
Helen nickte und fragte dann: „Und was sind das für Kreaturen?" Sie deutete auf etwas, das aus der Ferne eher wie eine Steinformation aussah. „Die kommen mir irgendwie bekannt vor, als hätte ich die bei einer Stadtführung schon mal gesehen."

Der Hippogreif grüßte die Kreaturen mit einem Adlerschrei. „Das sind Gargoyles. Zu Stein verwandelt, schmücken sie tatsächlich manch altes Gebäude. Da es langsam dunkel wird, fliegen sie schon herum, aber eigentlich sind sie nachtaktiv."

Besonders auffällig ist das goldgelb gefleckte Gefieder des Goldregenpfeifers.

In der Antike ...

... schrieb man dem Goldregenpfeifer Heilkräfte zu, seine Exkremente sollten Blindheit heilen können. Auch sein lateinischer Name „Charadrius pluvialis" soll zur Namensgebung des „Caladrius" beigetragen haben.

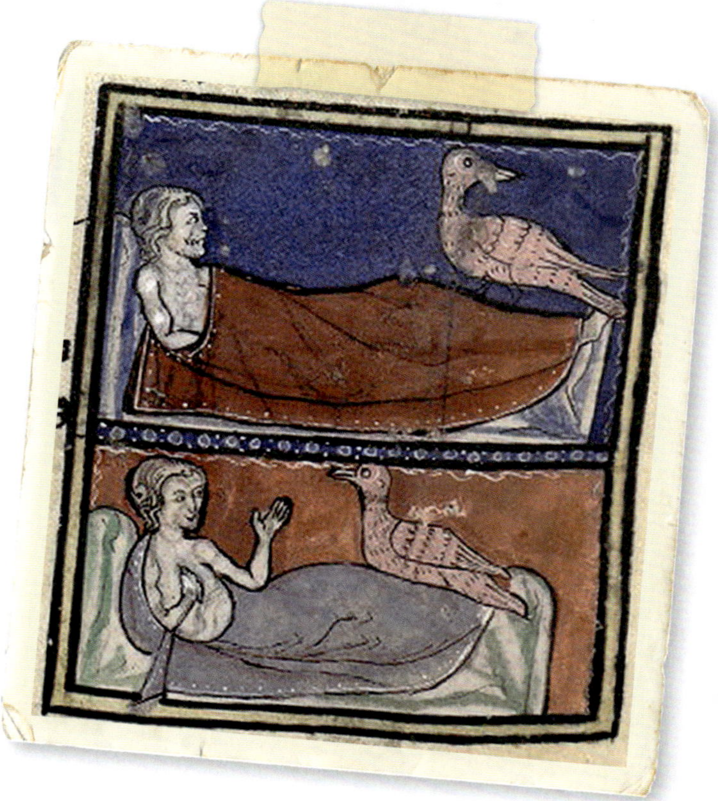

Im Mittelalter glaubte man, dass der Caladrius über die Gesundheit der Könige wachte. Sah er den Kranken an und die Krankheit war heilbar, nahm er die Krankheit auf. Wandte er seinen Blick ab, gab es keine Heilung mehr.

Geisterabwehr

Ursprünglich brachte man Gargoyles an Kathedralen oder Burgen an, um böse Geister von dort fernzuhalten. Später kam die Vorstellung hinzu, dass sie bei Nacht zum Leben erwachen.

Die grotesken Wasserspeier sind vor allem an gotischen Bauwerken zu finden, so wie hier an der berühmten Kathedrale Notre-Dame in Paris.

IM REICH VON BLITZ UND DONNER

Der Hippogreif rief: „Haltet euch gut fest, Kinder. Gleich wird es ungemütlich, aber wir müssen da durch. Das Nest der Regenbogenkrähe liegt weit oben im Gebirge." Er schwang kräftig mit seinen riesigen Flügeln, um gegen die starken Winde anzukommen. In der Ferne donnerte es bedrohlich und der Wind trieb den Kindern Tränen in die Augen.

„Wo kommt plötzlich dieses Unwetter her?", schrie Helen, um das Gewitter zu übertönen.

„Das ist der Donnervogel", erklärte der Hippogreif, während er sich mit heftigem Flügelschlagen bemühte, die Flugroute beizubehalten. „Bei jedem seiner Flügelschläge grollt ein Donnern über den Himmel und aus seinem Schnabel schießen Blitze. Die sind eigentlich leuchtende Schlangen!"

„Und hat er auch ein Nest?", fragte Helen.

„Das weiß niemand so genau. Manche vermuten, dass er auf einer Insel wohnt, die so hoch in der Luft schwebt, dass sie von unten nicht zu sehen ist. Aber egal, wie bedrohlich der Donnervogel aussieht, er bringt nach langen Trockenzeiten auch den ersehnten Regen – selbst wenn seine Gewitter manchmal Schaden anrichten."

Blitze zuckten über den Himmel und Max krallte sich fester ins Gefieder des Hippogreifs, damit Helen und er nicht den Halt verloren. Der Regen peitschte ihnen ins Gesicht und im Donnern und Tosen des Sturms trug der Wind jedes weitere Wort davon.

Diese Höhlenzeichnungen des Donnervogels stammen aus einer Zeit, bevor die ersten weißen Siedler Amerika für sich beanspruchten.

Auch an der Spitze des Totempfahls zeigt sich der mächtige Donnervogel.

SCHILLERNDES FEDERKLEID

Der Wind ließ nach und die Kinder wischten sich die Regentropfen vom Gesicht. „Danke, dass du uns sicher durchs Gewitter geflogen hast“, sagte Max zum Hippogreif, dessen Fell und Federn ganz zerzaust waren.
„Keine Ursache. Hier sind wir schon!“, krächzte er und deutete auf einen Felsen, wo in einem Nest eine Krähe saß.
„Ihre Federn sind ja total bunt!“, rief Helen begeistert.
„Ja, sie ist noch wie damals, obwohl in der Menschenwelt heute alle Krähen schwarz sind. Die Legende erzählt, dass die Tiere unter einem harten Winter litten. Sie baten den mächtigen Himmelsgeist um Hilfe und schickten die Regenbogenkrähe. Der Himmelsgeist schenkte der Krähe das Feuer und sie kehrte mit einer Fackel im Schnabel zu den frierenden Tieren zurück.“
„Aber war das Feuer nicht gefährlich für die Krähe?“, fragte Max.
„Ja, es verbrannte das schöne bunte Gefieder der Regenbogenkrähe schwarz und ihre liebliche Stimme wurde durch den Rauch zu einem Krächzen“, erklärte der Hippogreif und ließ die Kinder auf dem Felsen absitzen.
„Die Regenbogenkrähe von damals brachte dieses Opfer gern, denn es hat alle Tiere vor dem Erfrieren gerettet“, zwitscherte die Krähe und streckte den Kindern mit ihrem Schnabel eine schillernde Feder entgegen. „Hier in der magischen Welt habe ich zum Dank mein buntes Federkleid zurückbekommen. Ich weiß, was ihr braucht, um heimzukehren und dort von uns Fabelwesen zu erzählen.“
Helen machte einen kleinen Knicks und nahm die Feder entgegen. Die Krähe in ihrem regenbogenfarbenen Federkleid strahlte eine besondere Ehrwürdigkeit aus.

Ursprung

Der genaue Ursprung des Mythos um die Regenbogenkrähe ist nicht geklärt, manche schreiben ihn dem Stamm der Lenape zu, andere dem der Cherokee.

Raben und Krähen sind ein wiederkehrendes Motiv vieler Fabeln und Märchen aus aller Welt. Als Galgenvögel sind sie oft ein Symbol des Todes, aber sie sind auch für ihre List und Weisheit bekannt.

Der Rabe als Gottheit

Eine besondere Rolle spielt der Rabe als Tiergeist auf Haida Gwaii. Die Haida sehen in ihm eine schelmische Gottheit, die den Menschen hilft, aber auch andere Götter bestiehlt. Die Haida glauben, dass dieser Rabe Haida Gwaii erschuf, indem er Steine ins Meer warf, die zu Inseln wuchsen.

Haida Gwaii ist eine Inselgruppe im Pazifischen Ozean.

REGENBOGEN-KRÄHE

IM TAL DER FLAMMEN

„Ich muss los, aber Roc wird jeden Moment hier sein, um euch abzuholen", sagte der Hippogreif und verabschiedete sich mit einem letzten Adlerschrei. Dann flog er in hohem Bogen davon.
„Ihr müsst der Flammenspur folgen", zwitscherte die Regenbogenkrähe und zeigte mit dem Flügel auf die andere Seite des Felshangs.
Der Blick der Kinder fiel auf ein zerklüftetes Tal, über dem ein feuriger Vogel eine Flammenspur in der Luft hinterließ. Helen und Max verschlug es angesichts der Vulkanlandschaft die Sprache.

„Ah, da ist schon euer Fluggefährt!", rief die Regenbogenkrähe.
Im Tal unter ihnen wurde das Schlagen mächtiger Schwingen laut – Roc war da. „Springt auf, Kinder!", rief der riesige Adler und seine Stimme klang wie das Krächzen eines ganzen Vogelschwarms. Er winkte die beiden mit den Flügeln zu sich heran und Max und Helen nahmen Anlauf. Mit zittrigen Beinen landeten sie auf Rocs breitem Rücken.
„Im Tal der Flammen, werdet ihr schnell wieder trocken", krächzte Roc.

FLAMMENDES GEFIEDER

Roc landete auf einer felsigen Ebene und die Kinder rutschten von seinem Rücken hinab. Vor ihnen saß auf einem schwarzen Stein der feurige Vogel, der die Flammenspur hinterlassen hatte. Flammen züngelten an seinem Gefieder. Auf einmal stieg grauer Rauch von ihm auf und der Vogel verbrannte zu Asche.
„O nein!", schrie Helen erschrocken.
„Keine Angst, der Phönix wird jeden Moment wiedergeboren. Das ist eure Chance, euch eine Prise seiner Asche zu holen", sagte Roc, bevor er sich verabschiedete und in die Lüfte aufstieg.
Max eilte zum Häufchen Asche und nahm vorsichtig mit den Fingerspitzen etwas davon auf. Er steckte es in ein Taschentuch und verbarg es zusammengefaltet in der Hosentasche. Helen atmete auf. Jetzt fehlten ihnen nur noch zwei Zutaten – beide stammten von Drachen.

„Schau, Helen! Da ist ein leuchtendes Ei! Aua, ist das heiß!", rief Max und zog seine Finger zurück. Nur Augenblicke später brach die Eierschale auf und der feurige Vogel schlüpfte erneut daraus hervor.
„Unglaublich!", riefen die Kinder.

Wie Phönix aus der Asche

Hinter diesem Sprichwort verbirgt sich der Mythos des Phönix: Nach einem Lebenszyklus von vielen hundert Jahren geht der Phönix in Flammen auf und stirbt, um wenig später aus seiner Asche wiederaufzuerstehen. Damit ist er ein Symbol der Hoffnung.

Die alten Ägypter verehrten den Benu als göttlichen Vogel. Sie stellten sich ihn als Purpurreiher vor, der nach der Überwinterung in wärmeren Gefilden „neugeboren“ nach Ägypten zurückkehrt. Er wird mit dem Sonnengott Osiris in Verbindung gebracht.

BENU

In China wird der Fenghuang, auch „chinesischer Phönix“ genannt, als Symbol für Treue, Schönheit und Glück verehrt. Man findet ihn in Form von Tempelstatuen, Schmuckstücken und Schnitzereien.

FENGHUANG

SCHABERNACK UND SCHLAF

Plötzlich hörten die Kinder ein Kichern und drehten sich um. Auf einem Felsbrocken hinter ihnen balancierte ein seltsames Geschöpf mit rubinroter Haut und einer langen Nase.
„Kommt näher, liebe Kinder. Ich bin der Tengu, ein Bergdämon aus Japan. Ihr müsst diesen Weg nehmen, wenn ihr zu den Drachen wollt." Der Tengu grinste schief.
Helen und Max trauten ihm nicht recht und näherten sich nur zögerlich. Am Felsbrocken angekommen schreckten sie augenblicklich zurück. Da lag ein schlafender Hund, aber nicht nur mit einem, sondern mit drei Köpfen! Sabber tropfte aus jedem Maul.
„Was ist das?", flüsterte Helen.
„Das ist Zerberus, der Höllenhund. Der mag es gar nicht, wenn Lebende an ihm vorbeigehen wollen. Leider liebe ich es, ihn zu ärgern. Ob er seine Wut dann an euch auslässt?"
„Bitte nicht!", schrie Max entsetzt und hielt sich schnell die Hand vor den Mund.
„Nun gut, ich will mal nicht so sein. Habt ihr denn etwas dabei, was ihr mir als Wegzoll geben könnt? Etwas, das ich behalten darf?", fragte der Tengu.
Zähneknirschend löste Helen die Silberkette, die sie unter ihrem T-Shirt trug, und reichte sie dem Tengu.
„Gut, gut, die gefällt mir! Geht schnell, bevor ich es mir anders überlege." Das Lachen des Tengu folgte ihnen noch, als sie schon lange davongeeilt waren.

Brandstifter

Die Legende der Tengu stammt aus dem alten Japan. Diese Bergdämonen wurden als hundeähnlich, später als vogelähnlich beschrieben. Ihre lange Nase entwickelte sich aus dem Schnabel. Tengu können sich in buddhistische Mönche verwandeln und treiben gerne Schabernack. Ihre Vorliebe für Feuer kann zu verheerenden Bränden führen.

Als Wachhund des Eingangs zur Unterwelt sorgt Zerberus dafür, dass kein Lebender hinein- und kein Toter herauskommt.

Neben Honigkuchen lässt sich Zerberus auch durch Musik besänftigen. Diese Statue zeigt den Helden Orpheus, dem es mit seiner Lyra gelang, am Höllenhund vorbeizukommen, um seine Frau aus der Unterwelt zu befreien.

UNTER DRACHEN

Der Weg führte die Kinder durch eine tiefe Schlucht. Schwarzes Gestein knirschte unter ihren Füßen. Helen kramte das Rezept hervor und überflog es. „Wir brauchen noch eine Drachenkralle und einen Klumpen Drachengold. Aber ich frage mich, wie wir da rankommen sollen“, sagte sie nachdenklich.

Neben ihr hielt Max mit einem Mal inne. „Da sind Drachen ... Ich glaub's nicht“, murmelte er und tippte seiner Schwester auf die Schulter.

Helen schaute auf und ihr stockte der Atem. Vor ihnen erstreckte sich eine weite Ebene. Die Hitze, die ihnen entgegenschlug, trieb den Kindern den Schweiß auf die Stirn.

Im Feuerschein eines Lavaflusses bewegten sich gigantische Kreaturen am Himmel und auf der Ebene vor ihnen. Manche von ihnen sahen völlig anders aus als gewöhnliche Drachen – sofern man Drachen überhaupt als „gewöhnlich“ bezeichnen konnte.

DRACHENGOLD

Helen und Max gingen vorsichtig weiter. In einem Höhleneingang leuchtete und funkelte etwas: Drachengold! Doch als sie sich näherten, schnellte eine riesige Kreatur aus der Dunkelheit hervor. Ihre Stimme klang wie das Zischeln einer Schlange: „Na, na, na – wer wagt es, meinen Drachenhort aufzusuchen?"

Die beiden hätten am liebsten auf dem Absatz kehrtgemacht, aber ein kleiner Goldklumpen von diesem Schatz war genau, was sie für den Zaubertrank brauchten.

Helen räusperte sich und trat vorsichtig näher zum Drachen. Um ihn abzulenken, betrachtete sie seine Füße genau. „Ähm, wir wollten fragen, ob du zufällig eine Kralle hast, die locker sitzt?"

Der Drache streckte bedrohlich seine Tatzen aus. „Siehst du diese Krallen? Sie sind nicht locker! Sie sind so spitz und scharf, dass ich mit nur einem Schlag Schafe reißen kann!"

Max nutzte den Moment der Ablenkung und ließ einen kleinen Goldklumpen in seine Hosentasche verschwinden. Die Kinder rannten schnell weiter und der mürrische Drache spie ihnen noch eine kleine Stichflamme hinterher.

Knochenfund

Der Drache ist eines der ältesten und bekanntesten Fabelwesen – und das weltweit. Vermutlich geht der Drachenmythos auf Saurierknochenfunde zurück, die schon vor Jahrhunderten die Fantasie der Menschen beflügelten.

EUROPÄISCHER URDRACHE

LINDWURM

Der Lindwurm ist ein schlangenartiger Drache, der meist keine oder nur sehr kleine Flügel hat. Einen großen Auftritt hat er im Nibelungenlied, einem mittelalterlichen Heldenepos, in dem der junge Siegfried den Lindwurm Fafnir tötet.

Der Drache ist ein beliebtes Wappentier, das je nach lokaler Tradition unterschiedlich dargestellt wird: so etwa auch im Wappen von Wales.

Wyvern zeichnen sich dadurch aus, dass sie nur zwei statt vier Beine haben. Ihr schlangenförmiger Schwanz ist mit einem Stachel versehen und dient ihnen als zusätzliche Waffe.

Zum Drachenmythos der mittelalterlichen Heldenepen gehört auch der sogenannte „Drachenhort“, ein Goldschatz, den der Drache an einem verborgenen Ort behütet.

Drachen dienten als Inspiration für zahlreiche Skulpturen. Solche finden sich etwa auf der „Drachenbrücke“ in der slowenischen Hauptstadt Ljubljana.

NICHT ALLE DRACHEN HABEN SCHUPPEN

„Schnell weiter, bevor der Drache merkt, dass ihm ein Goldklumpen fehlt“, zischte Helen und zog Max hinter sich her. „Der war ganz schön mies gelaunt.“

Die beiden überquerten eine Brücke, die über einen Lavastrom führte. Dort kroch eine Kreatur mit zwei Köpfen auf sie zu.

„Bist du auch ein Drache?“, fragte Helen.

„Ja“, zischelte der eine Kopf, während der andere nickte. „Ich bin ein Schlangendrache, eine Amphisbaena!“, sagten beide Köpfe im Chor.

„Du siehst gar nicht so aus“, sagte Max.

„Pah, nicht alle Drachen haben große Flügel oder spucken Feuer“, sagte der eine Kopf der Amphisbaena beleidigt und der andere streckte ihnen die Zunge heraus. Der Schlangendrache formte sich zu einem Ring und rollte wie ein Autoreifen davon.

„Und nicht alle Drachen haben Schuppen“, zischelte eine andere Stimme. Sie gehörte zu einer riesigen Klapperschlange mit buntem Federkleid, die sich vor Max und Helen aufrichtete. „Ich bin Quetzalcoatl!“

Max sah an dem ungewöhnlichen Drachen herab. „Eine Kralle bekommen wir von dir wohl nicht, oder? Du hast ja gar keine Füße.“

„Stimmt“, antwortete Quetzalcoatl und plusterte das Federkleid auf. „Fragt mal Long, er mag Menschen und ist vielleicht bereit, euch eine Kralle zu geben.“

Gefiederter Gott

Die Azteken verehrten die gefiederte Klapperschlange Quetzalcoatl als Gottheit des Windes, des Himmels und der Erde. Beim Volk der Maya war sie unter dem Namen Kukulkan bekannt.

QUETZALCOATL

Der Körper des Quetzalcoatl ist mit den Federn des Vogels Quetzal bedeckt, der für die Azteken heilig ist.

Der zweiköpfige Schlangendrache Amphisbaena stammt aus der griechischen Mythologie und kann sich dank seiner zwei Köpfe in beide Richtungen fortbewegen.

Bei den Doppelschleichen, auch Amphisbaenia genannt, ist kaum zu unterscheiden, wo vorne und wo hinten ist.

Der Basilisk, der „König der Schlangen“, entstammt der griechischen Mythologie. Er hat den Oberkörper eines Hahns und den Unterleib einer Schlange. Sieht man ihn an, erstarrt man zu Stein – oder noch schlimmer: Der Blick endet tödlich.

GLÜCKSDRACHEN

Die Kinder bedankten sich und gingen auf einen Drachen zu, der in der Luft schwebte – und das ganz ohne Flügel. Aus seinem Kopf wuchs ein Hirschgeweih und er trug einen langen Bart, der fast bis zum Boden reichte.
„Bist du Long?“, fragte Max und der Drache nickte.
Helen wippte von einem Bein aufs andere. „Ähm, könnten wir vielleicht eine deiner Krallen haben? Wir brauchen sie dringend, sonst kommen wir nicht mehr zurück nach Hause.“
Long grinste und zeigte eine Reihe scharfer Zähne. „Klar doch, die Kralle am rechten hinteren Zeh fällt eh bald aus. Sie hat wohl gespürt, dass ihr kommt. Auf dem Weg zu den Hexen erzähle ich euch gern etwas über uns chinesische Drachen. Wir sind sozusagen die freundlichere Version unserer europäischen Verwandten.“
Helen und Max schmunzelten. „Ja, wir sind einem etwas knurrigen Exemplar begegnet.“

Der Drache wird noch heute in ganz China verehrt. Beim Drachentanz zum chinesischen Neujahrsfest wird eine biegsame Drachenfigur mithilfe von Stöcken bewegt.

Im chinesischen Kaiserreich galt der Drache aufgrund seiner Macht als Herrschaftssymbol. Die großen Kaiser sollen sich nach ihrem Tod in Drachen verwandelt haben. Der Kaiserthron wurde auch Drachenthron genannt.

Die in Farbe und Form außergewöhnliche Schale der Drachenfrucht besteht aus schuppenförmigen Lappen und erinnert somit an Drachenschuppen – kein Wunder, dass sie also diesen Namen trägt.

Zwischen Gut und Böse

Nicht nur im Aussehen unterscheiden sich Drachen stark, auch ihr Wesen wird je nach Kulturkreis ganz verschieden dargestellt: So ist der chinesische Glücksdrache Long etwa ein Symbol für Glück und Frieden, während die Drachen der europäischen Mythologie als bedrohlich und bösartig geschildert werden.

Der Yamata no Orochi ist ein achtköpfiger Drache der japanischen Mythologie, dessen Gier nach jungen Frauen nur durch eine List ein Ende fand. Acht Schüsseln Reiswein machten Orochi so schlaftrunken, dass Susanoo, Gott des Windes und der Meere, ihm die Köpfe abschlagen konnte.

ZAUBERTRANK DER HEIMKEHR

Long führte die beiden immer weiter aus dem Tal der Flammen. Die Vulkanlandschaft wich einem sumpfigen Gebiet mit blubbernden Gewässern, aus denen ein beißender Geruch nach faulen Eiern aufstieg. „Hört ihr das? Das sind Baba Jaga und ihre Hexenschwestern", sagte Long. Aus der Ferne drang schauriges Gelächter zu ihnen. „Schmeißt euren Kessel an!", rief Long den Hexen zu. „Es ist mal wieder Zeit für den Zaubertrank der Heimkehr!" Die Hexen jubelten begeistert: „Endlich!"

Dank Long hatten die Kinder keine Angst vor den drei unheimlichen Gestalten. Der Drache blieb an ihrer Seite und die Hexen verbeugten sich sogar vor ihm. „Habt ihr alles, Kinderlein?", fragte Baba Jaga und lächelte. Helen und Max nickten und gaben nach und nach die Zutaten in den Kessel – aber nichts geschah. „Es braucht noch Drachenfeuer", sagte eine der Hexen und alle drei keckerten. „Das lass ich mir nicht zweimal sagen", meinte Long. Er holte tief Luft, spuckte eine helle Flamme und entfachte so das Feuer unter dem Kessel.

EIN ZAUBERHAFTER ABSCHIED

Unter den Flammen vermischten sich die Zutaten zu einem lilafarbenen Trank, aus dem Blasen emporstiegen.
„Ob alle Hexen so unheimlich sind?“, flüsterte Helen ihrem Bruder zu.
„Wir mögen vielleicht alt sein, aber wir hören ausgezeichnet“, zischte Baba Jaga.
Die Hexe, die sich als Kalku vorgestellt hatte, sagte: „Ihr würdet staunen: Unsere Schwester Circe ist zwar lieblich, aber das macht sie nicht weniger unheimlich …“
Baba Jaga rührte noch einmal und schöpfte dann etwas von dem Gebräu in zwei Kelche, die sie den Kindern reichte. „Wer mag zuerst? Nur Mut – und gute Heimreise!“
„Danke für alles“, sagten die Kinder zu Long und den Hexen.
„Vergesst nicht, von uns zu erzählen“, rief Long noch mit seiner rauchigen Stimme.
„Natürlich nicht!“, rief Max. Dann stießen die Kinder an und tranken das scheußlich bittere Gebräu in einem Zug aus. Vor ihren Augen verschwamm alles.

MANGKUKULAM

Die Mangkukulam stammen von den Philippinen und üben ihre schwarze Magie mittels Voodoo-Puppen aus. Da der Glaube verbreitet ist, dass Schadenszauber bei Unschuldigen wirkungslos sind, richten sich ihre Flüche vor allem gegen Übeltäter.

BABA JAGA

In der slawischen Mythologie ist die bekannteste Hexe die Baba Jaga. Sie gilt als äußerst gefährlich, da sie auch Menschen frisst, ähnlich wie die Hexe im Märchen „Hänsel und Gretel“.

KALKU

Die Kalku stammen aus der Mythologie der Mapuche, einem indigenen Stamm in Chile. Kalku sind Hexen, die mit schwarzer Magie anderen Schaden zufügen. Ihnen stellen sich die Machi entgegen, dem Menschen wohlgesinnte Schamaninnen.

Dunkle Magie

Dem Mythos nach sind Hexen oft alte Frauen mit magischen Kräften, die andere verzaubern oder Tränke brauen. Auch in Märchen begegnet man ihnen oft, ihrem Wesen nach sind sie meist boshaft.

CIRCE

Noch heute kennen wir das Wort „bezirzen“, das sich von der schönen Zauberin Circe aus der griechischen Mythologie ableitet. Als der Held Odysseus sie aufsuchte, verwandelte Circe seine Gefährten in Schweine. Odysseus jedoch wappnete sich mit einem Zauberkraut gegen ihre Macht.

ZAUBERTRANK DER HEIMKEHR

- Schuppe einer Meerjungfrau ✓
- Münze eines Leprechauns ✓
- Silberhaar eines Einhorns ✓
- Feder einer Regenbogenkrähe ✓
- Eine Prise Phönix-Asche ✓
- Ein Klumpen Drachengold ✓
- Drachenkralle ✓

Alles gut vermengen und unter Drachenfeuer köcheln lassen.

SÜSSE TRÄUME

Helens Kopf pochte. Sie schlug die Augen auf und sah sich um. Tatsächlich – sie waren zurück im Zimmer des Ferienhauses. Max lag neben ihr und rieb sich die Schläfen. Ein seltsames Klopfen kam aus dem Schrank und Helen setzte sich im Bett auf.
„Wer ist da?“, flüsterte sie in die Dunkelheit.
Statt Max antworte eine nasale Stimme: „Ich bin es bloß, der Baku.“ Ein Rüssel streckte sich aus dem Kleiderschrank.
„Baku?“, fragte Max verschlafen.
Das Rüsseltier zeigte seinen lustigen Kopf und nickte. „Einige Wesen, denen ihr begegnet seid, können ja ganz schön gruselig sein. Aber keine Sorge, ich bin hier, um eure Albträume zu fressen oder besser gesagt: aufzusaugen.“

Der Baku blieb die ganze Nacht bei ihnen und die Kinder schliefen tief und fest wie nie zuvor. Am nächsten Morgen wussten weder Helen noch Max, ob alles nur ein Traum gewesen war. Aber sie erinnerten sich an jedes Detail. Ebenso merkwürdig war, dass Helens Halskette fehlte, und sie waren sich einig: In Straßenkleidung hatten sie sich am Abend zuvor nicht schlafen gelegt.
Am Frühstückstisch hatten sie viele Geschichten über Fabelwesen zu erzählen …

Um böse Träume abzuwehren, legte man sich ein Abbild des Baku unters Kopfkissen und später wurden sogar Kissen in Form eines Bakus hergestellt – ein solches benutzte etwa der berühmte Samurai Toyotomi Hideyoshi.

BAKU

Göttlicher Mischmasch

Die Legende besagt, dass die Götter, als sie mit der Erschaffung der Tiere fertig waren, alle übrig gebliebenen Teile zusammenwarfen und daraus den Baku schufen. Heute sind Baku überall in Japan zu finden, insbesondere an Tempeln.

FANTASIE-SCHMIEDE

Nach dem Frühstück brachen Max und Helen mit ihren Eltern zu einer Wanderung auf. Sie gingen am Moor entlang, das tagsüber nicht so gruselig war wie bei Nacht. Helen hielt dennoch die Augen offen – man wusste ja nie, ob nicht doch irgendwo die Hydra lauerte oder ein Irrlicht auftauchte. Während des Spaziergangs erzählten die Kinder ihren Eltern weiter von all den Fabelwesen.

„Eure Begeisterung ist richtig ansteckend“, sagte Mama und lachte.

„Ja, ihr habt wohl die halbe Nacht mit Helens Märchenbüchern verbracht, oder? Eure Fantasie hätte ich auch gern!“, sagte Papa.

Die Kinder zwinkerten sich zu.

DIE FASZINATION FÜR FABELWESEN

Mama fragte: „Was glaubt ihr, warum Menschen so faszinierende Kreaturen erfinden?"
„Na, weil man da seiner Fantasie freien Lauf lassen kann!", rief Max. „Früher gab's ja noch kein Fernsehen."
„Stimmt", sagte Papa. „Mythen und Legenden bringen uns Menschen seit Urzeiten zum Staunen. Es macht ja auch einfach Spaß, sich vorzustellen, wie eine tapfere Heldin gegen einen feuerspeienden Drachen kämpft."
„Ja, aber sie bieten noch viel mehr: Oft stecken in diesen Geschichten Botschaften", sagte Mama.
„Wie eine Nachricht?", fragte Helen.
Mama nickte und erklärte: „An ihrem Beispiel lernen wir etwas über richtiges Verhalten und gute Entscheidungen. Gerade Fabeln erteilen oft Lektionen über Ehrlichkeit oder Geduld."
„Manche zeigen ja auch, dass man einen gefährlichen Ort meiden soll", antwortete Helen.
„O ja!", rief Max. „In der Arktis würde ich mich definitiv vom Wasser fernhalten, wenn da dieses schleimige Seemonster lauert, dieser Qualupalik."
Papa lachte. „Ist auch besser so, denn so nah beim Eis kann es schnell gefährlich werden. Manche Fabelwesen wurden auch erfunden, um Dinge zu erklären, die Menschen nicht verstehen konnten."
„Wie Erdbeben, Stürme und Gewitter, oder?", fragte Helen.
„Ja, dann haben sich Menschen vorgestellt, dass Drachen oder andere furchterregende Wesen dafür verantwortlich sind", erklärte Mama.
„Nicht zu vergessen, ist auch die symbolische Bedeutung, die manche Fabelwesen haben", sagte Papa.
„Wie der Phönix!", rief Max. „Der steht für Wiedergeburt, Auferstehung und Neuanfang!"
„Ja, darum fand der Phönix später auch im Christentum Verwendung. Für manche Völker

Die Fähigkeit der Hydra, neue Köpfe zu bilden, steht für Wiedergeburt, Regeneration und das Überleben in schwierigen Situationen.

sind Fabelwesen Teil der Religion oder Spiritualität. Da haben Fabelwesen oft eine Verbindung zum Göttlichen."
„Wie der Garuda als Reittier des Gottes Vishnu!", rief Helen.
Die Eltern staunten und Papa sagte: „Den kannte ich noch gar nicht. Was ihr alles wisst, unglaublich."
„Ich finde, das Schönste an Fabelwesen ist, dass sie unsere Welt ein bisschen magischer und aufregender machen! Lass uns mal ein eigenes Fabelwesen ausdenken, was hältst du davon, Max?" fragte Helen.
„Das ist eine tolle Idee!", rief er begeistert.

Da die Gewittersaison oft mit dem Vogelzug zusammenfällt und sich die Menschen dies nicht erklären konnten, erfanden sie den Mythos vom Donnervogel.

Kryptozoologie ...

... ist eine umstrittene Art von Forschung, bei der Menschen zu beweisen versuchen, dass es mysteriöse Tiere tatsächlich gibt. Diese Tiere bezeichnet man als Kryptiden, ein berühmtes Beispiel dafür ist Nessie. Es gibt zahlreiche Geschichten und angebliche Sichtungen von Kryptiden, aber nicht genug Beweise, um zu sagen, ob sie echt sind.

JETZT BIST DU DRAN!

Bei der nächsten Rast kramten Helen und Max ihre Notizblöcke hervor.
„Hm, womit fangen wir am besten an?", fragte Helen.
„Wie wäre es, wenn ihr euch zuerst überlegt, welche besonderen Merkmale euer Fabelwesen haben soll?", schlug Papa vor.
„Ja, und welches Tier euch als Inspiration dienen könnte", fügte Mama hinzu.
„Ich nehme ein Meerschweinchen!", rief Helen.
Max lachte und sagte: „Ein Meerschweinchen? Ich will ein richtig gruseliges Monster erschaffen, ich nehme einen Tausendfüßler."
„Aber Tausendfüßler sind doch nicht gruselig, höchstens ein bisschen ekelig", sagte Helen.
„Na ja, wenn er riesengroß und so lang ist wie ein Bus, dann schon", sagte Max.

1. Wähle fantasievolle Merkmale

Jedes Fabelwesen ist einzigartig und hat besondere Merkmale. Viele haben ihren Ursprung in real existierenden Tieren. Überleg dir, welche Tiere und Wesen dich faszinieren oder welche du besonders magst. Kannst du die Flügel eines Adlers mit dem Körper eines Hundes kombinieren? Oder vielleicht die Schwanzflosse eines Fisches mit den Federn eines Pfaus? Wähle einzigartige Merkmale für dein Fabelwesen aus und lass deiner Fantasie freien Lauf!

Dabei helfen dir folgende Fragen:

- Welches Tier dient als Inspiration?
- Welchen Effekt soll das Fabelwesen haben: gruselig, gefährlich, niedlich, schön?
- Wie sehen die Größenverhältnisse aus – hat es zum Beispiel einen besonders großen Kopf, ein riesiges Maul oder sehr lange Beine?
- Wenn du ein gruseliges Fabelwesen erschaffen willst, ist es sinnvoll, wenn du dich fragst, was dir Angst machen würde – die scharfen Zähne eines Wolfs? Was ekelt dich besonders – die vielen Beine einer Spinne?
- Möchtest du es mit einem anderen Tier kombinieren, also ein Mischwesen entwerfen?

„Mein Meerschweinchen hat noch Schmetterlingsflügel bekommen!“, rief Helen.
Papa fand die Idee toll und sagte: „Dann kann es ja überall hinfliegen, wo es gebraucht wird.“
Helen überlegte, wo ihr Meerschweinchen überall helfen könnte.
„Und was treibt dein Tausendfüßler, Max?“, fragte Mama neugierig.
Max grinste und sagte: „Er lebt auf jeden Fall in den Bergen. Was genau er da treibt, verrate ich euch später.“

2. Überleg dir eine Hintergrundgeschichte

Jedes Fabelwesen hat eine eigene Geschichte. Welche Rolle übernimmt das Fabelwesen in deiner Erzählung? Dabei ist es wichtig, die Eigenschaften deines Fabelwesens im Hinterkopf zu behalten. Vielleicht sieht dein Fabelwesen zwar gefährlich aus, hilft jedoch gern anderen, wird aber nur nach dem Äußeren beurteilt.

GRUSELIGES FABELWESEN

Denk über die folgenden Fragen nach …

… und erschaffe so eine spannende Hintergrundgeschichte für dein Fabelwesen:

- Hilft dein Fabelwesen anderen? Ist es gutmütig oder frech?
- Oder ist es bösartig und erschreckt andere?
- Welche magischen Kräfte besitzt es?
- Hat es eine besondere Aufgabe oder Mission in der Welt der Fabelwesen?

NIEDLICHES FABELWESEN

3. Such einen Herkunftsort aus

Überleg dir, wo dein Fabelwesen lebt und wo die Geschichte spielt.

Ein paar Beispiele …

… die dir als Inspiration dienen können:

- In den Bergen
- Im Wald oder Dschungel
- Auf einer einsamen Insel
- In einem verschlafenen Dorf
- Im Weltall
- In einer Großstadt
- In einer magischen Schule

4. Zeichne oder bastle dein Fabelwesen

Nimm Stift und Papier zur Hand und mal dein Fabelwesen. Zeichne die verschiedenen Merkmale, die du ausgewählt hast, und gib ihm eine einzigartige Gestalt. Du kannst aber auch eine Schere zur Hand nehmen und zum Beispiel Teile von Tieren aus Zeitschriften oder Zeitungen ausschneiden und zusammenkleben. Auch getrocknete Blätter können deinem Fabelwesen als Federkleid dienen, Zweige als Beine. Lass dich von deiner Fantasie leiten! Wenn du magst, kannst du auch bunte Farben verwenden, um dein Fabelwesen zum Leben zu erwecken.

Sehr weit kommen wir heute bei unserer Wanderung nicht mehr", sagte Papa und lachte. Die Kinder waren total vertieft in ihre Notizblöcke.
„Das macht mir nichts", sagte Mama und schaute über Helens Schulter, „Fantasie braucht Zeit."
„Ich bin fertig!", rief Max plötzlich und hielt seine Zeichnung hoch. Darauf war ein riesiger Tausendfüßler zu sehen, der mit Stacheln bedeckt war.
„Das ist ein gigantischer Stachelflitzer! Er lebt in den Bergen und kann sich zusammenrollen, um Hänge hinunterzukugeln, und dabei ganze Wälder plattmachen."
Mama war stolz und sagte: „Der ist wirklich gruselig geworden."
Helen und Papa nickten.
„Meine Zeichnung ist auch fertig. Es ist ein Flügelquieker. Man findet es häufig in der Nähe von Schulen. Mit seinem Quieken vertreibt es Lehrer, die einem zu viel Hausaufgaben aufbrummen wollen", erklärte Helen.
Alle lachten.
„Solche Fabelwesen habe ich noch nie gesehen", sagte Papa.
„Ganz genau – und wir haben sie erfunden!", rief Max stolz.
Während der weiteren Wanderung erzählten sich die Kinder Geschichten über ihre Fabelwesen. Helen stellte sich vor, wie ihr Flügelquieker auch bei Klassenarbeiten Glück bringt.
Max erfand neue Eigenschaften für seinen Stachelflitzer und erzählte von gefährlichen Missionen. Die Kinder waren begeistert von ihren Fabelwesen und konnten es kaum erwarten, ihre Geschichten nach den Ferien mit ihren Freunden zu teilen.

5. Notiere die Merkmale deines Fabelwesens in einem Steckbrief

DU BIST DRAN!

Neben der Zeichnung oder dem gebastelten Kunstwerk ist es hilfreich, dein Fabelwesen auch in Worten zu beschreiben. Notiere dir seine Merkmale, die Hintergrundgeschichte und alles, was dir zu deinem Fabelwesen einfällt.
Vielleicht kannst du sogar einen Namen für dein Fabelwesen erfinden. Diese Beschreibung wird dir helfen, dein Fabelwesen besser zu verstehen und anderen davon zu erzählen.

6. Teile dein Fabelwesen mit anderen

Dein Fabelwesen ist etwas Besonderes! Zeig deine Zeichnung oder Collage deinen Freunden oder deiner Familie und erzähle ihnen die Hintergrundgeschichte. Du kannst dein Fabelwesen auch in einer Geschichte zum Leben erwecken und sie anderen vorlesen. Lass andere an deiner Fantasie teilhaben und wer weiß, vielleicht inspirierst du sie dazu, ihre eigenen Fabelwesen zu erschaffen.

NAME:
Rollama

AUCH BEKANNT ALS:
Regenbogenroller
oder Glitzerflitzer

MERKMALE:
Glitzerhals, Flügel, scharfe Zähne, Rollerskates und Rollschuhe, getigertes Gesicht und Beine, Regenbogen-Fell

WOHNORT:
unter dem Regenbogen

AUGENFARBE:
schwarz

GRÖSSE:
so groß wie ein Schäferhund

ALTER:
275 Jahre
(jung für einen Regenbogenroller)

HOBBYS:
Fliegen, Skaten und Glitzer spucken

HINTERGRUNDGESCHICHTE:
Wenn ein Regenbogen erscheint, ist Rollama nicht weit: Er schlüpft in seine magischen Rollschuhe und Rollerblades, springt unter dem Regenbogen hervor und macht sich auf die Suche nach traurigen Menschen, denen er seinen Glitzer entgegenspuckt, um Glück und Freude zu verbreiten.

Schick uns dein Fabelwesen!

Das Buch hat dir gefallen und du hast dein eigenes Fabelwesen gestaltet? Das ist fantastisch! Das gesamte Team des Sophie Verlags ist total gespannt darauf, es zu sehen!
Frag einfach deine Eltern, ob sie sich bei der Sophie Verlag Community anmelden wollen: kontakt@sophie-verlag.net.
Dann können sie uns ein Bild von deiner Kreation schicken. Und weißt du was? Als Dankeschön erwartet dich eine kleine Überraschung und die ist genauso fabelhaft wie dein Fabelwesen!

1 *Menehune*
2 *Qualupalik*
3 *Donnervogel*
4 *Regenbogenkrähe*
5 *Quetzalcoatl*
6 *Quinametzin*
7 *Meerjungfrau*
8 *Allicanto*
9 *Kalku*
10 *Merrow*
11 *Troll*
12 *Kraken*
13 *Lindwurm*
14 *Leprechaun*
15 *Gargoyle*
16 *Zentaur*
17 *Anansi*
18 *Aziza*
19 *Diw*
20 *Einhorn*
21 *Baba Jaga*
22 *Long*
23 *Dokkaebi*
24 *Baku*
25 *Bake-Kujira*
26 *Jiaore*
27 *Garuda*

MAGIE AUS ALLER WELT

Auf ihrer abenteuerlichen Reise durch die magische Welt sind Helen und Max auf ganz unterschiedliche Fabelwesen getroffen. Sie haben entdeckt, dass jedes Wesen einen eigenen Ursprung hat und eine einzigartige Geschichte erzählt.

Schau auf der Karte nach, wo diese faszinierenden Kreaturen herkommen! Seit vielen, vielen Jahren lassen Menschen ihre Fantasie spielen und erschaffen überall auf der Welt fantastische Wesen und erstaunliche Geschichten.

LEXIKON DER FABELWESEN

Abaia — S. 19
Monsteraal, der Seen bewacht und mit seinem Schwanzschlag Flutwellen erzeugen kann.
Herkunft: melanesische Mythologie

Ahuizotl — S. 22/23
Gefährlicher Wasserhund, der mit seinem Greifschwanz Menschen ins Wasser zieht, um sie zu ertränken.
Herkunft: aztekische Mythologie

Alicorn — S. 45
Einhorn mit Flügeln, das Reinheit, Schönheit und Stärke symbolisiert.
Synonym: Pegacorn
Herkunft: Indus-Kultur Südasiens

Allicanto — S. 52
Gefährlicher Vogeldämon, der Edelmetalle frisst und damit sein Gefieder zum Glänzen bringt.
Herkunft: chilenische Mythologie

Amphisbaena — S. 71
Schlange, deren zwei Köpfe sich an den entgegengesetzten Enden des Körpers befinden, sodass sie sich in beide Richtungen bewegen kann.
Herkunft: griechische Mythologie

Anansi — S. 41
Riesiges Spinnenwesen, das als Schöpfer von Sonne und Mond gilt und für seine List und Schläue bekannt ist.
Herkunft: westafrikanische Mythologie

Asrai — S. 30
Wasserfee, die bei Berührung mit Sonnenlicht zur Pfütze zerfließt und nur alle hundert Jahre an die Oberfläche kommt, um im Mondlicht zu baden.
Herkunft: englische Folklore

Aziza — S. 31
Hilfsbereite Feen, die ihr Jagdgeschick an die Menschen weitergeben, die sorgsam mit der Natur umgehen.
Herkunft: westafrikanische Mythologie

Baba Jaga — S. 76
Äußerst gefährliche Hexe, die Menschen frisst und in einer verzauberten Hütte lebt, die auf riesigen Hühnerbeinen steht.
Herkunft: slawische Mythologie

Bake-Kujira — S. 21
Skelettartiger Geisterwal, der Walfänger jagt und auch unschuldige Seefahrer in Angst und Schrecken versetzt.
Herkunft: japanische Mythologie

Baku — S. 78/79
Mischwesen aus Tapir oder Elefant und Löwe oder Tiger, das Albträume verschlingt, wenn man ihn dreimal mit der Formel „Baku, friss!“ anruft.
Herkunft: japanische Mythologie

Banshee — S. 29
Geisterfrau, die mit ihrem schrillen Schrei den Tod eines Familienmitglieds ankündigt.
Synonym: Todesfee
Herkunft: irische und schottische Mythologie

Basilisk — S. 71
Mischwesen aus Hahn und Schlange, dessen Blick Menschen zu Stein erstarren lässt oder sogar tödlich enden kann.
Synonym: König der Schlangen
Herkunft: griechische Mythologie

Benu — S. 63
Ägyptischer Göttervogel, der an einen Purpurreiher erinnert und dem Gott Osiris zugeordnet wird.
Herkunft: altägyptische Mythologie

Bigfoot
Großes, behaartes Wesen, das in Wäldern lebt und Ähnlichkeiten mit einem Affen oder Menschen aufweist.
Synonym: Sasquatch (Kanada)
Herkunft: nordamerikanische Folklore

Caladrius — S. 54/55
Weißgefiederter Vogel mit Heilkräften, der über die Gesundheit von Königen wacht.
Herkunft: griechische Mythologie

Chupacabra
Blutrünstige, reptilienähnliche Kreatur mit Krallen, die vor allem Nutztiere angreift und deren Blut aussaugt.
Herkunft: südamerikanische Folklore

Circe — S. 77
Zauberin, die Menschen in Tiere verwandeln kann: So macht sie etwa aus den Gefährten des Helden Odysseus Schweine.
Synonyme: Zirze, Kirke
Herkunft: griechische Mythologie

Diw S. 31

Bösartiger Dämon, der in der Dunkelheit an Kraft gewinnt und Menschen Krankheiten und Albträume bringt.
Synonyme: Div, Dev, Dew
Herkunft: persische Mythologie

Dokkaebi S. 35

Kobold mit spitzen Hörnern, der gern Streiche spielt, aber gutherzige Menschen mit seinen Zauberkräften belohnt.
Herkunft: koreanische Mythologie ↓

Donnervogel S. 56/57

Mächtiger Vogel, der mit seinen Flügelschlägen Donnergrollen erzeugt und aus seinem Schnabel Blitze schießt.
Herkunft: indigene nordamerikanische Mythologie

Drache (europäisch) S. 68/69

Großes, echsenartiges, meist geflügeltes Fabelwesen, das oft in der Lage ist, Feuer zu spucken.
Herkunft: europäische Mythologie

Dryade S. 36

Weiblicher Baumgeist, der untrennbar mit dem Schicksal des zugehörigen Baumes verbunden ist, den er hütet.
Synonym: Baumnymphe, Baumgeist
Herkunft: griechische Mythologie

Dschulnar S. 14

Meerjungfrau, die einen König heiratet und deren Sohn sowohl an Land als auch im Meer leben kann.
Herkunft: arabische Mythologie

Einhorn S. 42/43

Weißes, pferdeähnliches Wesen, dessen Horn auf der Stirnmitte magische und heilsame Kräfte zugeschrieben werden.
Herkunft: Indus-Kultur Südasiens

Elf

Langlebiges und elegantes Wesen, das in Wäldern wohnt und übernatürliche Fähigkeiten besitzt.
Herkunft: nordische Mythologie

Fee S. 30

Winziger, meist weiblicher Naturgeist mit Insektenflügeln, der eng mit Blumen und Pflanzen verbunden ist.
Herkunft: keltische und germanische Mythologie

Fenghuang S. 63

Legendärer Herrscher aller Vögel, der als Symbol für Treue, Schönheit und Glück gilt.
Synonym: chinesischer Phönix
Herkunft: chinesische Mythologie

Gargoyle S. 55

Teufelsähnliches Wesen aus Stein, das bei Nacht zum Leben erwacht und Kathedralen oder Burgen bewacht.
Herkunft: französische Mythologie ↓

Garuda S. 53

Mischwesen aus Mensch und Adler, der als Götterbote und im hinduistischen Glauben als Reittier des Gottes Vishnu dient.
Herkunft: asiatische Mythologie

Gnom S. 35

Kleiner, menschenähnlicher Erdgeist, der im Erdreich lebt, dessen Hüter er ist.
Herkunft: griechische und germanische Mythologie ↓

Golem

Künstlich erschaffene Kreatur aus Lehm, die durch besondere magische Rituale zum Leben erweckt wurde.
Herkunft: jüdische Mythologie

Greif S. 46

Mischwesen aus Löwe mit dem Kopf sowie den Flügeln eines Adlers, das als Symbol für Stärke und Wachsamkeit gilt.
Herkunft: sumerische, assyrische und griechische Mythologie

Hafgufa

Walfischartiges Seeungeheuer der Grönlandsee, das einer schwimmenden Insel gleicht und ganze Schiffe verschlingt.
Herkunft: isländische Mythologie

Hexe S. 76/77

Alte Frau mit Zauberkräften, die einen spitzen Hut trägt und auf einem fliegenden Besen reitet.
Herkunft: weltweit

Hippalektryon S. 46

Mischwesen aus Pferd und Hahn, dessen Schrei das Böse vertreibt.
Herkunft: griechische Mythologie

Hippogreif S. 47
Majestätisches Mischwesen aus Adler und Pferd, manchmal auch Löwe, das als schnelles Flugtier gilt.
Herkunft: griechische Mythologie

Hippokamp S. 24
Meerespferd mit Fischschwanz, das als Reit- und Zugtier des Meeresgottes Poseidon dient.
Herkunft: griechische Mythologie

Hydra S. 9
Neunköpfiges, schlangenartiges Ungeheuer, dem mit jedem Kopf, dem man ihm abschlägt, zwei neue nachwachsen.
Herkunft: griechische Mythologie

Imp S. 35
Dämonenhaftes kleines Wesen, das gern Schabernack treibt und durch seine freche Art als besonders lästig gilt.
Herkunft: englische Folklore

Irrlicht S. 8
Bläuliche oder grünliche Lichterscheinung, die als das Werk übernatürlicher Wesen gilt.
Synonyme: Irrwisch, Sumpflicht, Spuklicht, Totenlicht, Ignis fatuus
Herkunft: weltweit

Jiaore S. 15
Meerjungfrau des Süß- und Salzwassers, deren Tränen zu Perlen werden, die sie zu Schmuck verarbeitet.
Herkunft: chinesische Mythologie

Kalku S. 77
Hexe, die schwarze Magie nutzt, um anderen zu schaden, und die gegen die Machi, Schamaninnen der Mapuche, kämpft.
Herkunft: Mapuche-Mythologie (indigener Stamm aus Chile)

Kappa S. 25
Schildkrötenartiges Wesen, das gern gegen Menschen im Zweikampf antritt.
Herkunft: japanische Mythologie

Karkadann S. 45
Nashornartiges Wesen, dessen Horn über heilende Kräfte verfügen soll.
Herkunft: persische Mythologie

Kitsune S. 37
Fuchsartiges Wesen mit zwei oder mehr Fuchsruten, das menschliche Gestalt annehmen kann.
Herkunft: japanische Mythologie

Kobold S. 35
Listiges Wesen von kleinem Wuchs, das als Hausgeist gern die Bewohner „seines" Hauses neckt.
Herkunft: europäische Folklore

Kraken S. 20/21
Riesiges Seeungeheuer, das mit seinen Tentakeln einem Tintenfisch oder Riesenkalmar ähnelt.
Herkunft: nordische Mythologie

Kurage-no-Hinotama S. 23
Feuerqualle, die durch die Luft schwebt und deren Berührung tödlich ist.
Herkunft: japanische Mythologie

Leprechaun S. 34
Grün gekleidetes, rothaariges kleines Wesen, das eine große Vorliebe für Gold hat und gute Schusterfähigkeiten besitzt.
Herkunft: irische Mythologie

Lindwurm S. 68
Schlangenartiger Drache ohne oder mit nur kleinen Flügeln, der flugunfähig ist.
Herkunft: nordische Mythologie

Long S. 72/73
Schlangenartiger Glücksdrache mit Hirschgeweih, der ohne Flügel fliegt.
Herkunft: chinesische Mythologie

Mangkukulam S. 76
Hexe, die mittels Voodoo-Puppen ihre schwarze Magie ausübt.
Herkunft: philippinische Mythologie

Medusa
Monsterhafte Gestalt mit Schlangenhaar, die mit ihrem Blick andere zu Stein erstarren lässt.
Herkunft: griechische Mythologie

Meerjungfrau S. 12/13
Meereswesen mit dem Oberkörper einer Frau und Fischschwanz statt Beinen, die sich nach dem Leben an Land sehnt.
Synonyme: Seejungfrau, Fischweib
Herkunft: asiatische und europäische Mythologie

Menehune S. 31
Kleines Waldwesen, das im Verborgenen lebt und als herausragender Baumeister über Nacht wahre Meisterwerke vollbringt.
Herkunft: hawaiianische Folklore

Merrow S. 14
Als männlicher Merrow ein abscheuliches Wasserwesen, das als bösartig und hinterlistig gilt
Herkunft: irische Folklore

Minotaurus

Furchterregendes Wesen, das einen menschlichen Körper und den Kopf eines Stieres besitzt.
Herkunft: griechische Mythologie

Mondhase

Hasengleiches Wesen, das den Mond bewohnt und ein Elixier braut, das unsterblich macht.
Herkunft: chinesische Folklore

Najade und Nereide S. 15

Naturgeister: Während Najaden Quellen und Brunnen bewohnen, leben Nereiden im Meer.
Herkunft: griechische Mythologie

Nessie S. 21

Riesiges, urzeitlich wirkendes Seeungeheuer, das im See Loch Ness in Schottland wohnen soll.
Synonym: Ungeheuer von Loch Ness
Herkunft: schottische Folklore

Obambo

Übernatürliches Wesen, das oft als Geist eines Verstorbenen beschrieben wird, der nicht richtig begraben wurde.
Herkunft: zentralafrikanische Folklore

Oni S. 39

Riese mit scharfen Klauen, roter oder blauer Haut, der eine Vorliebe für Menschenfleisch hat.
Herkunft: japanische Mythologie

Pan S. 40

Mischwesen aus Ziegenbock und Mensch, das Wälder und Wiesen schützt und Tanz und Musik liebt.
Synonym: Faun (römische Mythologie)
Herkunft: griechische Mythologie

Pari S. 31

Geflügeltes Wesen, das den Menschen meist wohlgesinnt ist und für das Gute steht.
Herkunft: persische Folklore

Pegasus S. 44

Geflügeltes Pferd, das für seine Schnelligkeit bekannt ist und den Streitwagen des Göttervaters Zeus zieht.
Synonym: Pegasos
Herkunft: griechische Mythologie

Phönix S. 62

Vogel mit Flammengefieder, der nach seinem Lebensende in Flammen aufgeht und aus seiner Asche wiederaufersteht.
Herkunft: ägyptische und griechische Mythologie

Pixie S. 35

Kleine filigrane Wesen mit spitzen Ohren und grüner Kleidung, die Menschen gern Streiche spielen.
Herkunft: englische Folklore

Qilin S. 44

Sanftes Huftier mit Hirschgeweih, das bei der bevorstehenden Geburt eines weisen Herrschers erscheint.
Synonym: chinesisches Einhorn
Herkunft: chinesische Mythologie

Qualupalik S. 19

Seemonster mit grüner, schleimiger Haut, das an arktischen Küsten lauert, um Kinder zu rauben.
Synonym: Qallupilluit
Herkunft: Inuit-Mythologie

Quetzalcoatl S. 70

Große gefiederte Klapperschlange, die als Gottheit des Windes, des Himmels und der Erde verehrt wurde.
Synonyme: Kukulkan (Maya)
Herkunft: aztekische Mythologie

Quinametzin S. 38/39

Riesen, die vor den Menschen die Erde bewohnt haben sollen, von den Göttern jedoch vernichtet wurden.
Herkunft: aztekische Mythologie

Regenbogenkrähe S. 58/59

Krähe mit buntem Federkleid, die ihre Stimme und Farbe für Feuer opfert, um die Tierwelt vor dem Erfrieren zu bewahren.
Herkunft: indigene nordamerikanische Mythologie

Roc S. 50/51

Bedrohlicher Riesenvogel, der einem Adler gleicht und sogar Elefanten verschlingt.
Synonyme: Roch, Rukh
Herkunft: arabische Mythologie

Satyr S. 40

Mischwesen aus Ziege und Mensch, das im Gegensatz zu Faun/Pan nichts Gutes im Schilde führt.
Herkunft: griechische Mythologie

Selkie S. 24/25

Gestaltenwandler, der im Wasser eine Robbe ist und an Land menschliche Gestalt annimmt.
Synonym: Selchie
Herkunft: schottische Mythologie

Sirene S. 18

Mischwesen aus Vogel und Frau, dessen betörender Gesang Seefahrer anlockt, die im Meer den Tod finden.
Herkunft: griechische Mythologie

Taniwah

Riesige echsenartige und gefährliche Kreatur, die an Gewässern lebt, und manchmal als Wächter einen Stamm schützt.
Herkunft: Māori-Mythologie

Tengu S. 64

Bergdämon aus Japan mit einer Vorliebe für Feuer, der vogelartige Züge aufweist und gern Schabernack treibt.
Herkunft: japanische Mythologie

Tiddalik

Riesiger Frosch, der alle Wasserquellen der Umgebung verschlingt und dadurch große Trockenheit verursacht.
Herkunft: Aborigine-Mythologie

Troll S. 34

Starke und gefährliche meist riesenhafte Wesen, von denen sich manche bei Sonnenlicht zu Stein verwandeln.
Herkunft: nordische und germanische Mythologie

Tsuchigumo S. 41

Monströse und gefährliche Riesenspinne, die in Höhlen lebt und Menschen verschlingt.
Herkunft: japanische Mythologie

Vampir

Bleiches, untotes und unsterbliches Wesen, das im Sarg schläft und Menschenblut trinkt.
Herkunft: europäische Folklore

Wassermann S. 15

Meist bedrohliches Wasserwesen, das Menschen in seine Unterwasserwelt entführt.
Herkunft: europäische Mythologie

Wendigo

Bösartiger Geist oder monströses Wesen mit knochigen Gliedern, das Menschen frisst.
Synonyme: Windigo, Wiindigo
Herkunft: indigene nordamerikanische Mythologie

Werwolf

Mensch, der sich in einen Wolf verwandeln kann, entweder aufgrund eines Fluchs oder eigener Verwandlungskraft.
Herkunft: europäische Folklore

Wyvern S. 69

Zweibeiniger Drache, der gern Menschen verspeist und seinen Schwanz als zusätzliche Waffe verwendet.
Herkunft: europäische Folklore

Yaksha S. 30

Naturgeist, der in der Erde verborgene Schätze hütet und für Menschen zur Gefahr werden kann.
Herkunft: buddhistische und hinduistische Mythologie

Yamata no Orochi S. 73

Achtköpfiger Drache, der sich junge Frauen holt, um sie zu verspeisen.
Herkunft: japanische Mythologie

Yeti S. 39

Zotteliges Wesen, das einem Braunbären oder Riesenaffen ähnelt und im Gebirge des Himalayas umherstreift.
Herkunft: tibetische Mythologie

Ymir S. 38

Erster Reifriese, der eine wichtige Rolle in der Schöpfungsgeschichte der nordischen Mythologie spielt.
Herkunft: nordische Mythologie

Zentaur S. 28/29

Streitlustiges Mischwesen aus Pferd und Mensch, das oft mit Pfeil und Bogen bewaffnet ist.
Synonym: Kentaur
Herkunft: griechische Mythologie

Zerberus S. 65

Dreiköpfiger Wachhund der Unterwelt, der dafür sorgt, dass kein Lebender hinein- und kein Toter herauskommt.
Synonyme: Cerberus, Kerberos
Herkunft: ägyptische und griechische Mythologie

Zwerg S. 34

Kämpferisches kleines Wesen, das unter der Erde lebt und für seine Schmiedekünste bekannt ist.
Herkunft: nordische Folklore

Zyklop S. 39

Einäugiger, wilder Riese, der über große Stärke und handwerkliches Geschick verfügt.
Synonym: Kyklop
Herkunft: griechische Mythologie